Cornelia Nack

Das innere Kind wird erwachsen

Das Buch

Viele Menschen leiden als Erwachsene emotional noch immer unter den Erfahrungen einer konfliktreichen Eltern-Kind-Beziehung. Doch das ewige innere Kind muss erwachsen werden, um frei sein zu können. Darum geht es Cornelia Nack in diesem Buch, das den Leser auf dem schwierigen Weg zur inneren Reife begleiten möchte. Nur so kann man lernen, sich selbst im Tiefsten anzunehmen, nur so kann man zu einer wahrhaft erwachsenen Selbstständigkeit gelangen, zu besseren Beziehungen und größerer Gelassenheit. Und nur so ist es am Ende möglich, dass zwischen Kindern, die sich selbst und ihre Probleme zu verstehen gelernt haben, und ihren Eltern, die auch nur Menschen sind, eine neue Beziehung entstehen kann.

Die Autorin

Cornelia Nack, geb. 1952, hat viele Jahre als Rundfunkreporterin und Redakteurin bei verschiedenen Tageszeitungen gearbeitet. Darüber hinaus hat sie zahlreiche Fortbildungen im Bereich Psychologie absolviert. Sie lebt derzeit als freie Journalistin in Hamburg.

Cornelia Nack

Das innere Kind wird erwachsen

Konflikte mit den Eltern loslassen und frei werden

HERDER

FREIBURG · BASEL · WIEN

HERDER spektrum Band 6360

Titel der Originalausgabe:
Zwischen Liebe, Wut und Pflichtgefühl.
Frieden schließen mit den älter werdenden Eltern

Überarbeitete und ergänzte Neuausgabe

www.herder.de

Umschlagkonzeption: Agentur R·M·E Roland Eschlbeck
Umschlaggestaltung: Verlag Herder
Umschlagmotiv: © Wolfgang Weinhäupl / Mauritius Images
Autorenfoto: © privat

Satz:Barbara Herrmann, Freiburg
Herstellung: fgb · freiburger graphische betriebe
www.fgb.de

Gedruckt auf umweltfreundlichem, chlorfrei gebleichtem Papier
Printed in Germany

ISBN 978-3-451-06360-2

Inhalt

Verbunden statt verstrickt – Einführung in ein Lösungskonzept

Belastete Beziehungen

Es gab Zeiten, erzählt Claudia freimütig, da habe sie ihre Mutter richtig gehasst. »Sie hatte die Angewohnheit, tagelang nicht mit einem zu reden, wenn man sich nicht wohl verhielt. Permanent hat sie uns Kindern ein schlechtes Gewissen gemacht. Das ist auch heute noch so: Sie sagt etwas, lässt so Versuchsballons steigen, und wie immer du reagierst, sie dreht dir ‚nen Strick daraus.«

Schwierige Elternbeziehungen beeinträchtigen das Leben der Kinder oft weit ins Erwachsenenleben hinein. In manchen Familien haben ungelöste Konflikte und Machtkämpfe, Enttäuschungen, Vorwurfshaltungen und Schuldzuweisungen zu einem stark distanzierten Verhältnis geführt. Vielleicht ist es sogar zu einem zeitweiligen oder völligen Abbruch der Beziehung gekommen. In anderen Familien finden sich Eltern und erwachsene Kinder in einen Kreislauf ständiger Kämpfe und Auseinandersetzungen verstrickt. Claudia und ihre Mutter sind dafür ein gutes Beispiel: »Während meines Studiums wurde mein Vater schwer krank, und meine Mutter hat ihn 20 Jahre lang bis zu seinem Tod gepflegt. Das rechne ich ihr hoch an. Aber sie hat mir die ganze Bitterkeit über dieses Leben vor die Füße gekarrt und kein gutes Haar an mir gelassen. Ich war ein Rabenkind, das nur an sich dachte.« (»Ich habe meine gestörte Mutterbeziehung akzeptiert« ab Seite 151)

In Gesprächen mit Betroffenen wie Claudia wird deutlich, wie lebendig oft der Wunsch in erwachsenen Kindern geblieben ist, von den Eltern liebevoll angenommen zu werden – auch nach vielen Jahren fruchtloser und zermürbender Auseinandersetzung. Doch immer wieder sehen sich die Kinder in eine Neuauflage alter Kämpfe und Konflikte verwickelt, die sich in schöner Regelmäßigkeit an altbekannten Themen aufhängen, nach eingespielten Mustern ablaufen und zu neuen Frustrationen führen. Es gibt Kinder, die mit Wut und Enttäuschung über ihre Erzeuger nicht hinterm Berg halten, meist jedoch ohne jemals eine wirkliche Konsequenz daraus ableiten zu können. Anderen verschließen Gefühle der Scham und Unzulänglichkeit den Mund, weil sie es offenbar nicht wert oder sie nicht fähig sind, gute Elternbeziehungen zu unterhalten. Es gibt auch Kinder, die ungeachtet aller negativen Erfahrungen jedes schlechte Wort über die Eltern als Verrat empfinden und sich einer Loyalität verpflichtet fühlen, die kein Aufbegehren kennen darf. Und es gibt jene Kinder, deren »Lösung« des Problems darin besteht, sich innerlich und äußerlich so gründlich von den Eltern abzusetzen, dass nicht mehr übrig ist als ein paar oberflächliche Kontakte im Rahmen allgemeiner Konventionen – und vielleicht nicht einmal mehr das.

Unabgelöste Kinder bleiben verstrickt

Ihnen allen – den braven, den resignierten ebenso wie den rebellischen oder den aus der Beziehung ausgestiegenen Kindern – ist eines gemeinsam: Die innere Loslösung von den Eltern als ein zentrales Entwicklungsziel auf dem Weg vom Kind zum Erwachsenen ist ihnen nicht oder nur unvollkommen geglückt. Das Verhältnis zu den Eltern auf eine gleichberechtigte Ebene zu bringen ist grundsätzlich keine leichte Aufgabe, und oft erkennen wir unsere ungelöste Beziehung zu ihnen erst, wenn fortgesetzte Schwierigkeiten in Partnerschaften, in der Arbeitswelt oder anlässlich psychosomatischer Erkrankungen auch eine kritische Durchleuchtung der Elternbeziehung erforderlich machen.

Aus Sicht vieler Kinder wäre alles ganz einfach, wenn nur die Eltern ihnen endlich ein wenig entgegenkommen wollten. Sie selbst haben doch so viel guten Willen bewiesen, haben oft immer wieder versucht, es Vater und Mutter recht zu machen und ein harmonisches Verhältnis zu ihnen zu gewinnen. Es liegt eine große Tragik in all diesen gescheiterten Versuchen, weil es für Kinder oft so unendlich schwer zu begreifen ist, dass ihre Bemühungen, sich »andere«, nettere, verständnisvollere Eltern zu schaffen, nur ein Laborieren am Symptom gewesen sind. »So lange bin ich hinter ihr hergedackelt und habe gebettelt, dass sie zugibt, dass ich keine miese, undankbare Tochter bin«, sagt auch Claudia.

Vor einer möglichen Verbesserung des Verhältnisses steht für Kinder mit belasteten Familienbeziehungen zunächst eine Veränderung der inneren Haltung gegenüber den Eltern. Diese Veränderung vollzieht sich in dem Moment, in dem wir den ausgebliebenen Prozess der inneren Lösung nachholen und ein Erwachsenenverhältnis zu den Eltern etablieren können.

Das innere Kind erwachsen werden lassen

Die Erfahrungen unserer Kindheit sind unauslöschlich in unserem Gehirn gespeichert und wirken fortwährend in unsere Gegenwart hinein. Dieses »innere Kind« mit seinen unerfüllten Wünschen, Verletzungen oder Überforderungen lebt in problematischen Elternbeziehungen unbewusst immer wieder auf. Mit verblüffender Verlässlichkeit übernimmt es in Konfliktsituationen die Regie und sorgt dafür, dass wir in kindliche Rollenmuster zurückfallen, weil Kindheitsgefühle wie Angst, Ohnmacht, Scham oder Schuld wieder aktiviert werden. Den ausgebliebenen Schritt der Lösung von den Eltern nachzuholen, heißt deshalb auch, unser »inneres Kind« dort abzuholen, wo es einst allein stehen gelassen wurde, es an die Hand zu nehmen und zu stärken. »Ich kann meinem ›inneren Kind‹ die Anerkennung geben, die es sich damals so sehr gewünscht hat, und dafür sorgen, dass das innere Kind sich von dieser Fixierung auf die Eltern löst«, sagt der Familientherapeut Peter Bartning (»Aus der Vergangenheit in die Gegenwart kommen« ab Seite 21).

Dann sind wir auch in der Gegenwart nicht mehr unangemessenen Schuld- oder Demütigungsgefühlen ausgeliefert und können aus dem Kreislauf unproduktiver Verhaltensweisen aussteigen. Mit einem autarken »inneren Kind« können wir auch eine gesunde Distanz zu den Eltern entwickeln, aus der heraus wir uns einerseits gegen unangemessene Ansprüche und Forderungen abgrenzen, andererseits die Eltern aus einer nicht-kindlichen Sicht als Menschen mit schlechten und guten Seiten, unangenehmen und liebenswerten Eigenschaften wahrnehmen und annehmen können. Ohne einen solchen Perspektivenwechsel besteht auch die Gefahr, dass wir mit unserem »inneren Kind« in einer Opferhaltung verharren, die einem wesentlichen Aspekt erwachsenen Handelns entgegen steht: Verantwortung für das eigene Leben und das Gestalten von Beziehungen zu übernehmen.

Die Ablösung von den Eltern aus einer konfliktreichen Beziehung ist kein Kinderspiel. Sie muss sich oft gegen den Widerstand der Eltern vollziehen, die aus unbewussten Motiven häufig ein Interesse daran haben, dass die erwachsenen Kinder emotional abhängig bleiben. Es ist auch nicht einfach zu durchschauen, welche Ursachen ein altersgemäßes Hineinwachsen in Autonomie verhindert haben. Die dafür verantwortlichen Ereignisse können weit zurückliegen und sind deshalb der Erinnerung nicht mehr ohne weiteres zugänglich. Angst und Ohnmachtsgefühle des abhängigen Kindes können bewirkt haben, dass belastende (und heute aufschlussreiche!) Erfahrungen aus dem Bewusstsein verdrängt oder umgedeutet wurden, um das Bild der »guten Eltern« nicht zu beschädigen.

Problematische Interaktionsmuster – etwa hinsichtlich der Art und Weise, miteinander zu kommunizieren, Gefühle auszudrücken oder eigene Interessen durchzusetzen – haben sich oft durch die gesamte gemeinsame Geschichte gezogen und fest im Umgangsrepertoire der Familie verankert. Ihre negativen Auswirkungen auf die eigene seelische Unabhängigkeit können deshalb nur schwer gesehen werden. Es fehlt auch an psychologischem Wissen, das die oft unerklärlichen Verhaltensweisen, Eskalationen und Verstrickungen durchschaubar machte. So tasten sich unabgelöste Kinder gewissermaßen »betriebsblind« durch das familiäre Minenfeld, in dem es trotz aller Vorsicht unversehens zu neuen Auseinandersetzungen oder Frustrationen kommt.

Um die Hintergründe der individuellen Eltern-Kind-Problematik verständlich zu machen, werden im Abschnitt »Persönlichkeit und Beziehungsstörungen« psychologische Zusammenhänge beschrieben, die ein Licht auf negative

Einflüsse bei der Persönlichkeitsentwicklung und mögliche ungelöste innere Konflikte der Eltern werfen können. Dabei kann es sich natürlich nur um eine erhellende Auswahl handeln.

Erlösende Trauer um das »innere Kind«

Die Kenntnis dieser Zusammenhänge reicht jedoch nicht aus, um eine erwachsene Haltung uns selbst und unseren Eltern gegenüber einnehmen zu können. Von Kindern mit belasteten Elternbeziehungen ist vielfach eine recht realistische Einschätzung der problematischen Gesamtsituation zu hören, ohne dass dies ihre Ressentiments und Verbitterung dämpfen könnte.

Der qualitative Sprung vom Wissen um Tatsachen und Zusammenhänge zur Einsicht in das eigene Schicksal ist ein weiterer notwendiger Schritt zur Neufassung unseres Verhältnisses zu den Eltern. Einsicht stellt sich erst ein, wenn wir Verstand und Gefühl zum Zuge kommen lassen: »Einsicht erfasst das gesamte psychische System; Wissen verändert nur einen kleinen Teil. Einsicht bezieht die Affektwelt ein, Wissen nicht«, so der Psychoanalytiker Wolfgang Schmidbauer.[1] Deshalb müssen wir auch emotional an die Verletzungen unserer Kindheit anknüpfen. Wir müssen das hilflose Kind, das wir einst waren, in uns wieder finden und sein Leiden, seine Entbehrungen, seine Einsamkeit, Hilflosigkeit und Angst nachvollziehen und betrauern.

Die Trauer um das, was uns in der Kindheit widerfahren ist, hat nichts mehr zu tun mit den larmoyanten oder hilflos-wütenden Klagen, mit denen erwachsene Kinder den gegenwärtigen Frust mit den Eltern manchmal zu verarbeiten suchen. Wut und Groll sind als »Schutzgefühle« ein Instrument, mit dem wir emotionale Aufwallungen von Verlassenheit, Beschämung, Minderwertigkeit oder eben auch die Trauer um uns selbst abwehren können, um diese nur schwer zu ertragenden Gefühle nicht erleiden zu müssen. Aggression kann durchaus eine hilfreiche Emotion sein, weil sie uns in einer aktuellen Situation handlungsbereit macht, eigene Ziele und Interessen mit Nachdruck zu verfolgen. Wut ist zudem ein wichtiger Schlüssel zum Verständnis unserer selbst, der uns den Zugang zu vielen »dahinter« existierenden Gefühlen eröffnen kann. Bleiben wir jedoch in der Wut stecken, hält sie uns in einer inneren Starre gefangen, die uns an einer »einsichtigen« Wahrnehmung unserer selbst und einer Einfühlung in andere Menschen hindert. Wut und Groll sorgen dafür, dass wir in Gedanken an dem »Schuldigen« kleben und auf unangenehme Weise an ihn gebunden bleiben. Trauer hingegen hat auch die Funktion eines seelischen »Weichmachers«, der verhärtete innere Strukturen lösen hilft. Wenn wir auch um uns trauern, können wir das unverarbeitete Schmerzhafte aus unserer Vergangenheit als Teil von uns annehmen und uns in der Gegenwart beheimaten. Unser verletztes inneres Kind kann durch diese Arbeit an uns selbst mehr und mehr zu einem versöhnten, ausgeglichenen inneren Kind heranreifen.

Einsicht in das Schicksal der Eltern gewinnen

Die Einsicht in unser Schicksal ermöglicht uns die innere Distanz, die wir brauchen, um uns auf andere Weise als bisher den Eltern zuwenden zu können. Diese Einsicht und die daraus wachsende innere Unabhängigkeit sind jedoch oftmals nicht im Alleingang zu erreichen. In vielen Fällen ist es hilfreich, sich einen versierten »Pfadfinder« an die Seite zu holen, der erwachsene Kinder auf den arg verwilderten Wegen zu sich selbst begleitet. In diesem Buch sollen deshalb auch Psychotherapeuten zu Wort kommen, die in Interviews einige therapeutische Herangehensweisen an das Problemfeld »belastete Elternbeziehungen« schildern und eine Vorstellung von dieser Form der Problembewältigung vermitteln.

Erst wenn wir abrücken vom gekränkten, empörten, enttäuschten, betrogenen, wutentbrannten oder hilflosen Kind, können wir auch die Eltern als Menschen mit einem Lebenslauf sehen, dessen oftmals dramatische Umstände zu würdigen sind. Gebundene Kinder sind dazu verurteilt, ihre Eltern stets aus der Perspektive einer »Nahaufnahme« wahrnehmen zu müssen. Die Elternfiguren bleiben dadurch übergroß und dominierend. Sie »beherrschen das Bild« als Gestalten, die so, wie sie uns gegenübertreten, vom Himmel gefallen scheinen. Erst wenn wir innerlich zurücktreten und die Eltern perspektivisch verkleinern, können wir sie als Individuen wahrnehmen, deren persönliche Geschichte lange vor der gemeinsamen Geschichte begann. Auch dafür müssen wir wieder den qualitativen Sprung vom Wissen zur Einsicht vollziehen. Sicher haben wir allerhand Fakten über das Leben der Eltern erfahren. Dieses Wissen, das uns oft eher beiläufig vermittelt wurde, ist aber häufig lückenhaft und vor allem von den Kindern in seiner Tragweite für die Persönlichkeitsbildung der Eltern nicht erkennbar gewesen.

Die Eltern über ihr Leben »vor uns« zu befragen kann nicht nur diese Lücken füllen, es bringt uns auch wieder in einen positiven Dialog. Unser Interesse an der Biografie der Eltern ist Brücken bauend und eine Voraussetzung dafür, dass uns das Leben der Eltern auch emotional erreichen kann. Einsicht in das Leben der Eltern fördert wiederum Versöhnungsbereitschaft. Indem wir uns in ihr Schicksal hineinfühlen, können wir oftmals erst ermessen, wie sehr gebunden und verstrickt die Eltern in ihrer eigenen Elternbeziehung geblieben sind und welche schwerwiegenden Folgen dies sowohl für sie selbst als auch für uns gehabt hat. Wir können damit eine wichtige Entwicklungsaufgabe »erledigen«, die zum Erwachsenwerden dazugehört: die Eltern zu ent-idealisieren, sie also als fehlbare und durch familiäre und gesellschaftliche Einflüsse geformte Persönlichkeiten zu begreifen.

Versöhnung – ein inneres Geschehen

Die Aussöhnung mit den Eltern ist kein einfacher und kein kurzer Prozess. Er braucht Zeit für das langsame Hineinwachsen in ein neues Selbstverständnis des abgelösten Kindes und ein regelrechtes Einüben neuer innerer Haltungen und Verhaltensweisen. Frieden zu schließen mit den Eltern ist vor allem ein inneres Geschehen, ein Arbeiten an uns selbst, bei dem wir uns als Anwalt in eigener Sache um die Lösung innerer Konflikte und Verstrickungen mit den Eltern bemühen, die uns bisher an der Entwicklung einer reifen Persönlichkeit und innerer Freiheit gehindert haben. Es geht dabei nicht um die Frage »Wie mache ich meine Eltern zu friedlichen, freundlichen, mir in Liebe zugewandten Menschen?«. Diese Macht besitzen wir nicht und Patentrezepte, die wir dafür so gerne hätten, gibt es auch nicht.

Worum es geht, sind vielmehr Antworten auf die Frage »Wie gewinne ich die Fähigkeit, meinen Eltern – in der konkreten Begegnung, vor allem aber in meinem Denken und Fühlen – selbstsicher gegenübertreten zu können?«. Diese Selbstsicherheit umfasst sowohl die Überzeugung, mein Leben selbstbestimmt führen zu wollen, als auch die

Notwendigkeit, Verständnis und Respekt den Eltern gegenüber zu entwickeln. Ein weiteres wichtiges Element besteht darin, die Veränderung der Beziehung nicht als ein Geschäft auf Gegenseitigkeit zu sehen, bei dem ich mich nur auf den anderen zubewege, wenn dieser mir auch entgegenkommt. Wir müssen die Erwartung oder den Anspruch, dass die Eltern sich ändern, vorbehaltlos aufgeben. Diese Einstellungen scheinen auf den ersten Blick schwer erreichbar, vielleicht sogar unbillig zu sein. Heißt das denn nicht, dass ich mich dem kränkenden Verhalten, den Einmischungen, Vorhaltungen oder Manipulationsversuchen der Eltern weiter ausliefere, meinen Anspruch auf Achtung und somit mich selbst preisgebe, mich weiterhin mies und klein machen lassen soll? Warum soll ausgerechnet ich in Vorleistung gehen, wo ich doch bereits so viel in die Beziehung investiert habe und mit Recht auf vieles verweisen kann, was sie mir angetan haben?

Solche Gedanken sind verständlich, doch es ist eben immer noch das unabgelöste Kind, das da in uns ruft: »Liebe mich! Achte mich! Nimm mich an, wie ich bin!« Die Erfahrungsberichte erwachsener, versöhnter wie unversöhnter Kinder in diesem Buch kreisen fast alle um diesen zentralen Punkt. Sie zeigen, wie verloren Erwachsene mit belasteten Elternbeziehungen im Labyrinth des gebundenen Kindes umherirren und wie unerhört schwierig es ist, aus diesem Irrgarten herauszufinden, wo doch der Ausgang so nahe liegt: im Bewusstsein unseres eigenen Wertes und unserer prinzipiellen Unabhängigkeit die Verantwortung für das eigene Handeln zu übernehmen.

Wir sind für unser Denken, Fühlen und Handeln verantwortlich, die Eltern für ihres. Wir können entscheiden, ob wir uns weiter von Lob und Tadel der Eltern abhängig machen, nach ihren Maßgaben leben, von ihnen etwas fordern oder ihnen etwas vorwerfen, sie fürchten oder hassen und mit unserem Kinder-Schicksal hadern wollen oder nicht. Mit diesem Selbstverständnis eigener Verantwortlichkeit können wir die unangemessene Macht, die wir den Eltern über unser Leben eingeräumt haben, auf den angemessenen Einfluss reduzieren, den wir anderen uns Nahestehenden auch zubilligen. Wir haben die Möglichkeit, unser Handeln an eigenen, auch ethischen Überzeugungen auszurichten und uns dadurch von den Reaktionen anderer unabhängig zu machen. Dies verhindert, dass wir uns »ferngesteuert« oder als Spielball fremder Interessen empfinden und wir uns dadurch immer wieder in schädliche Kreisläufe von Kränkung – Wut – Revanche – Schuldgefühl hineinmanövrieren.

Eigenverantwortung ist die Grundlage für innere Unabhängigkeit, aus der die Großzügigkeit erwächst, die Eltern so sein zu lassen, wie sie sind – und ihnen am Ende auch zu verzeihen. Damit haben wir die Kind-Position verlassen und eine Distanz gewonnen, aus der sich neue Nähe entwickeln kann. Sie kann sich zeigen in einem positiven Verpflichtungsgefühl, das uns ermöglicht, den Eltern während ihrer letzten Jahre ohne Ressentiments zur Seite zu stehen und ihnen nichts heimzahlen zu müssen. In der Anerkennung des Guten, das wir von ihnen erfahren haben. Im Verständnis für ihre menschlichen Grenzen, auch im mitfühlenden Bedauern darüber, dass sie auf ihrem Lebensweg auf Bedingungen trafen, die sie vielleicht an der Verwirklichung eigener innerer Unabhängigkeit, Toleranz, Versöhnungsfähigkeit und Güte scheitern ließen. Eine erwachsene Haltung gegenüber den Eltern bedeutet schließlich auch, unsere eigenen Anteile am Beziehungsgeschehen sehen zu können.

Vielleicht werden die Eltern auf unser verändertes, nunmehr erwachsenes Verhalten positiv reagieren und ihrerseits zu einem respekt-und liebevolleren Miteinander beitragen. Vielleicht wird aber, was sie betrifft, alles beim Alten bleiben, weil ihnen die Fähigkeit zur Veränderung nicht gegeben ist. Diese Möglichkeit sollte uns nicht hindern, unsere Elternbeziehung als Übungsfeld für innere Entwicklung zu nutzen. Jeder Fortschritt bedeutet einen Zuwachs an Reife, von dem wir unmittelbar profitieren, auch ohne dass die Eltern die Wandlung ihres Kindes zu würdigen wissen. Entscheidend ist, dass wir uns trotz widriger Umstände aufmachen, den äußerlich längst erlangten Status eines Erwachsenen auch innerlich zu erreichen.

Erfahrungsberichte als Klärungshilfe

Das Thema »Belastete Eltern-Kind-Beziehung« ist nicht gerade salonfähig und deshalb erfahren oft nur Partner und enge Freunde von den inneren und äußeren Kämpfen in dieser Angelegenheit. So bleibt weitgehend verborgen, wie viele »normale Leute« unter schwerwiegenden Störungen ihrer Elternbeziehung leiden. Die Erfahrungsberichte in diesem Buch stammen von solchen Menschen, die irgendwo in Deutschland eine unauffällige Existenz führen, arbeiten, Kinder großziehen oder bereits ihren Ruhestand genießen – und denen allen eine oft viele Jahre umfassende Bearbeitung einer konfliktreichen Elternbeziehung vom Leben auferlegt worden ist.

In einigen Erfahrungsberichten wird eine dramatisch unglückliche Kindheit sichtbar, in der Gewalt und Abwertung so stark dominierten, dass Parallelen zur eigenen Geschichte von vielen Lesern und Leserinnen kaum zu ziehen sein werden. Doch die verdeckten, subtil manipulierenden Methoden, mit denen andere, durchaus fürsorglich erscheinende Eltern ihre Kinder gebunden halten, können grundsätzlich die Autonomie und das Selbstwertgefühl von Kindern genauso untergraben wie eine schockierend unverhüllte körperliche und psychische Misshandlung. Wenn auch die schädigenden Handlungen der Eltern in den Berichten ihren Platz haben müssen, weil sie die Beziehungsproblematik und auch die Folgen für die seelische Entwicklung der Kinder und ihr Gebundenbleiben verständlich machen, so geht es doch vor allem darum, zu zeigen, wie erwachsene Kinder sich mit ihrer problematischen Elternbeziehung auseinander setzen und diese emanzipatorische Aufgabe auf unterschiedliche Art und mit unterschiedlichem Ergebnis bewältigen. Soweit möglich, sollen die Erfahrungsberichte auch Einblicke in die Kindheit der Eltern geben, um den Kreislauf der Schädigungen, der bei schwierigen Eltern-Kind-Beziehungen eine zentrale Rolle spielt, nachvollziehbar zu machen: In der Art und Weise, wie Eltern die Beziehung zu ihren Kindern gestalten, spiegeln sich immer auch ihre eigenen Verletzungen und unbewussten Konflikte. Viele dieser Kinder haben lange Zeit versucht, den Wünschen ihrer Eltern zu entsprechen, um damit die Konflikte zu beenden und Anerkennung zu erlangen. Erst nachdem sie aufgehört hatten, den Eltern »hinterherzulaufen«, wie es wiederholt formuliert wird, und auf eine Lösung von der Elternseite zu warten, konnten neue Sichtweisen und Handlungsperspektiven wachsen. Die persönlichen Schilderungen berühren viele Einzelaspekte der psychologischen Zusammenhänge, die in den Sachkapiteln dargestellt werden. Diese Berichte sind deshalb thematisch nur schwer einzelnen Kapiteln zuzuordnen und stehen überwiegend als eigenständige Beiträge zum Gesamtthema zwischen den Sachtexten.

In manchen Fällen war es zum Zeitpunkt der Interviews zu einem beglückenden Aussöhnungserlebnis oder wesentlichen positiven Veränderungen gekommen, in anderen hielt das Ringen um Anerkennung und Aussöhnung bis in die Gegenwart an, in wieder anderen rückten Tod oder psychische Verfassung der Eltern eine konkrete Veränderung der Beziehung in unerreichbare Ferne. Unsere innere Haltung zu den Eltern ist jedoch Zeit unseres Lebens veränderbar. Wir können sie selbst dann noch weiterentwickeln, wenn die Chance auf eine reale Neubegegnung von vornherein ausgeschlossen ist, weil die Eltern geistig dazu nicht mehr in der Lage oder gestorben sind.

»Aus der Vergangenheit in die Gegenwart kommen« Gespräch mit dem Paar- und Familientherapeuten Peter Bartning, Bad Segeberg

Ist ein belastetes Verhältnis zu den Eltern eine Problematik, die sich bei Ihren Klienten häufig stellt?

Wenn jemand nachhaltig Probleme hat, sei es als Einzelperson oder in seiner Paarbeziehung, hat dies fast immer mit dem Elternhaus zu tun. Das Thema »Aussöhnung mit den Eltern« oder »Aussöhnung mit der eigenen Vergangenheit« stellt sich deshalb praktisch immer.

Wie bearbeiten Sie dieses Thema mit Ihren Klienten?

Bei dem Thema »Versöhnung mit den Eltern« handelt es sich um zwei verschiedene Prozesse, die deutlich unterschieden werden müssen. Einmal geht es um die Eltern, die *jetzt* existieren, die oft schon alt geworden sind. Hier kann sich für einen Klienten manchmal die Frage stellen, ob eine Versöhnung mit diesen realen Personen stattfinden soll oder nicht.

Zum anderen geht es um das *Bild* meiner Eltern aus Kindertagen, das ich noch immer in mir trage. Diese beiden Ebenen müssen deutlich voneinander unterschieden werden: meine realen Eltern heute und meine »inneren Eltern«, so, wie ich sie damals als Kind erlebt habe. Um es mit einem Begriff aus der Transaktionsanalyse zu sagen: Wie wir unsere Eltern erlebt haben, ist in unserem »Eltern-Ich« gespeichert. Dadurch ist es möglich, dass ich als Erwachsener in einer Problematik feststecke, die auf meinen Kindheitserfahrungen mit den Eltern beruht. In dieser Problematik bin ich sozusagen ein Kind geblieben – ein unreifes Kind, vielleicht ein rebellisches Kind oder ein resigniertes Kind. Es kann sein, dass ich mit den heutigen Eltern ein gutes Verhältnis habe, aber in mir noch immer der alte Kampf oder Frustration oder Resignation lebendig ist.

Können Sie für diese Situation ein Beispiel nennen?

Wenn sich zum Beispiel die Eltern getrennt haben, kann jemand daraus »gelernt« haben, dass man sich nicht auf Beziehungen verlassen kann. Die Folge können Partnerschaftsprobleme sein.

Ich versuche bei meinen Klienten eine Sensibilität dafür zu erzeugen, dass das heutige Verhalten und Erleben nicht ein Zufall ist, sondern aufbaut auf dem, was wir früher erfahren haben. Denn: Wenn ein Kind in diese Welt hineingeboren wird, ist es hilf- und orientierungslos. Die Eltern sind dann für mich das, was jemand mal die »ersten Götter« genannt hat. Ohne sie würde ich sterben. Und sie vermitteln mir grundlegende Eindrücke von dem, was Leben bedeutet: »Leben ist angenehm, wunderbar! Immer wenn es unangenehm wird, bekomme ich wieder etwas zu trinken und alles fühlt sich wieder wunderbar an!« – oder eben nicht, je nachdem. Die wenigsten Menschen können sich vorstellen, wie fundamental diese Erfahrungen sind. Darauf bauen unser Gefühlsleben, unser Verhalten und unsere Denkweisen auf. Schichten unserer Psyche sind immer noch Kind und die alten Szenen arbeiten im Hintergrund. Wenn da etwas schräg liegt, dann liegt mein Leben später auf diesen Gebieten auch zunächst einmal schräg.

Wie lässt sich die verlorene Balance wiederfinden?

Entscheidend ist die Aussöhnung dieses inneren Kindes mit den inneren Eltern. Denn wenn ich zum Beispiel vor meinen inneren Eltern Hemmungen habe, Klartext zu reden, werde ich das auch nicht vor den realen Eltern oder vor Vorgesetzten oder dem Partner wagen, weil ich mich immer noch in der alten kindlichen Rolle fühle. Wenn diese Aussöhnung mit den inneren Eltern geschehen ist, braucht die äußere Aussöhnung mit den realen Eltern für mich unter Umständen gar nicht mehr stattzufinden. Das ist noch ein weiterer Punkt, ein zusätzlicher vielleicht, der aber womöglich nicht zu realisieren ist, denn die Eltern müssen ja auch bereit sein, dabei mitzumachen.

Also nicht den großen Sack aufmachen und den realen Eltern alles vor die Füße schütten, was sie einem angetan haben?

Klienten fürchten manchmal, sie müssten jetzt so etwas tun. Damit begeben sie sich aber in die Gefahr, die Aufgabe der Versöhnung an die heutigen Eltern zu delegieren. Man erwartet, dass sie die eigene *innere* Arbeit leisten. Aber es geht ja gar nicht um die heutigen Eltern. Das Wichtigste, die Versöhnung mit den inneren Eltern, ist eine Arbeit, die ich nur alleine machen kann. Wut und Ärger über die Eltern zu spüren kann ein wichtiges Durchgangsstadium sein, denn diese Gefühle liefern Energie und mobilisieren mein inneres System. Aber andere Schritte müssen folgen. Wut allein zeigt keine Lösungen auf: Was habe ich gewonnen, wenn ich den Eltern sage, ihr seid schuld? Damit bin ich selber noch nicht frei geworden.

Können Sie einmal schildern, wie diese innere Aussöhnung in der Praxis aussieht?

Es kommt darauf an, dass ich in Dialog komme mit meinem Elternbild, und dafür bietet sich das Rollenspiel an, wie es die Gestalttherapie oder die Transaktionsanalyse anwendet. Die Transaktionsanalyse basiert auf der Beobachtung, dass wir als erwachsene Menschen in einer Situation empfinden können wie damals, als wir ein kleines Kind waren, wir werden zum Beispiel ganz mutlos und verlieren alle Hoffnung. In einer anderen Situation verhalten wir uns genauso, wie unser Vater es immer gemacht hat: »So, basta, keine Widerrede!« Hier werden Erfahrungen wirksam, die wir früher gemacht haben, die in unserem Gehirn gespeichert sind und auf die wir, oft ohne es zu wissen, zurückgreifen.

In der Transaktionsanalyse werden drei Bereiche der Psyche unterschieden: Das Eltern-Ich enthält das Denken, Fühlen und Verhalten, wie wir es von Autoritätspersonen erlebt haben. Das Kind-Ich enthält Denken, Fühlen und Verhalten von uns selbst, als wir Kind waren. Dazwischen ist das Erwachsenen-Ich der Gegenwart, das situationsangemessen fühlt und handelt, ohne Rückgriff auf eine gespeicherte Erinnerung.

Und diese drei Bereiche treten nun in einem Rollenspiel in Aktion?

Das Rollenspiel hilft mir, Denken, Fühlen und Verhalten dieser drei Teile wahrzunehmen und mich mit ihnen auseinander zu setzen. Ich nehme einfach drei Stühle, die diese drei Teile meiner Psyche darstellen. Ich setze mich zum Beispiel auf den Kind-Ich-Stuhl und erzähle meinem Eltern-Ich: Was ihr damals mit mir gemacht habt, war so furchtbar für mich, und ich habe gar nicht gewagt, etwas zu sagen usw. Das Interessante ist, wenn ich mich da hineinvertiefe, komme ich wieder in diese Gefühle hinein, bin fast in dieser Situation wieder drin.

So lebendig wird das dann?

Mit therapeutischer Anleitung und einiger Übung kann das so lebendig werden, denn mein Kind-Ich enthält die Erinnerungen meiner Kindheit, und dieser Teil reagiert genauso, wie ein lebendiges Kind reagieren würde. Aus der Position des Erwachsenen-Ich kann ich dem Kind jetzt laut warme, liebe Worte sagen. Und der kindliche Teil meiner Psyche wird darauf positiv reagieren. Ich kann ihm auf diese Weise helfen, sich sicher und geborgen zu fühlen, sich gegen das Eltern-Ich abzugrenzen, sich von ihm loszulösen und vieles andere mehr.

Kommt es einem nicht komisch oder sogar albern vor, sich selbst laut Trost zuzusprechen?

Es wird den meisten am Anfang albern vorkommen, aber wenn man es genau nimmt, geschieht im Reden mit sich selbst etwas ganz Alltägliches, denn jeder kennt diese inneren Dialoge: »Also, eigentlich würde ich dieses und jenes gerne tun, aber andererseits geht es doch nicht …« Man muss dieses Rollenspiel praktizieren, um zu erfahren, dass es wirkt. Wenn man sich etwa vorstellt, sich selbst als Säugling im Arm zu haben, kann man beide Rollen spüren: was man als liebevolle Mutter einem Kind geben kann und wie man als Säugling gehalten wird. Da passiert wirklich etwas.

Und auf diese Weise kommt es zur inneren Aussöhnung?

Aussöhnung bedeutet, dass diese drei Teile in einen immer hilfreicheren Dialog kommen. Eine positive Veränderung wäre zum Beispiel, dass das Eltern-Ich mir nicht mehr einflüstert: »Das kannst du ja doch nicht« oder »Du bist nichts wert«, sondern sich an die sich selbst gesagten Sätze erinnert, etwa: »Du bist wertvoll!«.

Zwar können wir unsere Erinnerungen nicht ausschalten, sie sind unauslöschlich in unserem Gehirn gespeichert. Aber ich habe die Chance, eine positive Stimme dagegenzusetzen, wenn ich im Rollenspiel das »nährende Eltern-Ich«, wie die Transaktionsanalytiker es nennen, liebevoll zum inneren Kind sprechen lasse. Denn auch dies ist ja eine Erfahrung, die dann in unserem Gehirn abgespeichert wird. Im Laufe der Zeit lernt meine Psyche dann auf diese positiven Eindrücke, die ich mir selbst gegeben habe, umzuschalten.

Ich kultiviere also auf diese Weise ein unterstützendes Erwachsenen-Ich, das mir in Momenten der Mutlosigkeit Stärke geben kann?

Genau. Der erste Schritt besteht darin, die Gefühle von damals wieder zu erleben, sie ernst zu nehmen und zu würdigen, indem ich meinem inneren Kind sage: »Was du da erlebt hast, ist wirklich schlimm für dich gewesen.« Der zweite Schritt besteht darin, ihm deutlich zu machen: Das alles ist Vergangenheit. Heute sind wir erwachsen, sind unabhängig, es gibt Menschen, die mich lieben, und wir können auf unsere eigenen Stärken bauen. Ich kann meinem inneren Kind die Anerkennung geben, die es sich damals so sehr von den Eltern gewünscht hat, und dafür sorgen, dass das innere Kind sich von dieser Fixierung auf die Eltern löst. Diesen Prozess kann ich im Rollenspiel abschließen, indem ich vielleicht den Eltern einen rituellen Satz sage wie: »Ihr habt das und das gemacht, ich habe das und das daraus gelernt, jetzt gehe ich meinen Weg und lasse euch euren Weg gehen.«

Der letzte Schritt ist, dass ich den Eltern vergebe und sie damit wirklich gehen lasse. Denn alles, was ich nachtrage, halte ich noch fest, behalte es als eine Art Schuldschein. Vergeben heißt, ich zerreiße den Schuldschein. Die Eltern waren so, ich kann es erklären oder nicht, ich lehne das ab oder auch nicht, und ich lasse sie los.

Eine konkrete, wortwörtliche Aussöhnung mit den realen Eltern muss also gar nicht sein, um mein Verhältnis zu ihnen zu verbessern?

Wenn die Aussöhnung mit den inneren Eltern erfolgt ist, kann ich auch den realen Eltern anders begegnen, weil ich nicht mehr sagen muss: »Jetzt habt mich doch lieb!« Solange ich noch will, dass die Eltern etwas für mich tun, will ich sie ja noch verändern und halte an ihnen fest. Die Eltern so zu lassen, wie sie sind, ist auch ein Respektsbeweis. Und durch meine inneren Veränderungen wird auch die reale Beziehung zu ihnen oft wie von selbst besser.

Kann ich die innere Aussöhnung auch alleine erreichen oder brauche ich immer therapeutische Unterstützung?

Es ist durchaus möglich, mit dem inneren Kind alleine zu arbeiten, etwa indem ich als Erwachsener dem inneren Kind einen Brief schreibe oder mein inneres Kind sich in dieser schriftlichen Form an die inneren Eltern richtet. Weil aber bei dieser Aussöhnungsarbeit viele starke Gefühle im Spiel sein können, ist es oft hilfreich, diesen Weg mit einem Therapeuten zusammen zu gehen. Eine innere Aussöhnung kann auch dadurch geschehen, dass die realen Eltern offen sind für ein Gespräch. Ich mache dann eine positive Erfahrung mit den realen Eltern, sie können sehen, welche Not ich hatte, und ich erlebe eine Versöhnung in der heutigen Zeit. Diese positive Erfahrung kann auch dazu führen, dass ich mich mit den inneren Eltern versöhne, ganz ohne Therapie.

Wie soll ich mich den realen Eltern gegenüber verhalten, wenn sie bei ihrem alten Verhalten bleiben, zum Beispiel ihre unrealistischen Erwartungen und Ansprüche aufrechterhalten oder mir weiter ständig Vorwürfe machen?

Niemand sollte sich mit den inneren Eltern versöhnen wollen, damit die realen Eltern endlich lieb und nett werden. Das wäre genauso ein Kontrollieren und Manipulieren und Unfreiheit. Ein Klient geht erst mal seinen Weg für sich selbst allein. Das wird bei anderen vielleicht gar nichts bewirken. Versöhnung muss nicht immer heißen: Friede, Freude, Eierkuchen. Versöhnung bedeutet, dass *ich* eine erwachsene

Stellung gegenüber meinen Erfahrungen beziehen kann und keine reaktive wie ein Kind. Die Eltern haben ein Recht darauf, so zu leben und zu sein, wie sie immer waren. Das ist ihr gutes Recht.

Ich sollte also überhaupt nicht erwarten, dass sie sich ändern?

Wenn sie sich ändern, ist das ein Geschenk, eine Gnade, genauso, wie jede gute Beziehung ein Geschenk ist. Aber das kann ich nicht erzwingen, sonst bin ich sofort wieder in der Position des Kontrollierenden. Es sollte immer darum gehen, dass *ich* eine andere Haltung einnehme, dass ich erwachsen werde, auch den Eltern gegenüber. Dass ich sie loslassen und sie ihren Weg gehen lassen kann.

Es gibt auch den Fall, dass ein erster Schritt zur Aussöhnung von den realen Eltern unternommen wird, aber das erwachsene Kind dieses Angebot nicht annehmen kann, weil unbearbeitete Ereignisse aus der Vergangenheit einer neuen Nähe im Wege stehen.

In so einem Fall waren die Beteiligten oft über Jahrzehnte gewohnt, einen bestimmten Grad der Nähe oder des Abstandes zu haben. Wird dieses Gleichgewicht verändert, kann sich der andere bedrängt fühlen. Wenn das erwachsene Kind Angst hat vor größerer Nähe, bedeutet es meist, dass es innerlich nicht in der Gegenwart ist. In der Gegenwart will der reale Vater oder die reale Mutter mehr Nähe, warum sollte ich als Kind das nicht auch haben wollen? Weil mein Gefühl nicht in Kontakt ist mit meiner heutigen realen Mutter, sondern mit meinen früheren Erfahrungen und meiner inneren Mutter – und schon bin ich aus der Gegenwart verschwunden und lebe in meinem Vergangenheitsfilm. In der Transaktionsanalyse würde es heißen: Ich bin im Kind-Ich und nicht im Erwachsenen-Ich.

Damit ich meine Eltern so sehen kann, wie sie in der

Gegenwart sind, muss ich aus meiner Vergangenheit herausgekommen sein. In der Gegenwart leben mit Offenheit und Achtsamkeit, sodass ich wirklich die angebotene Nähe prüfen kann – das geht nur aus einer inneren Stärke heraus. Es wäre schön, wenn wir uns so offen begegnen könnten – frei von »Flashbacks« in die eigene Vergangenheit. Denn wirklich glücklich sein kann man nur in der Gegenwart.

Lotte (36): »Ich muss meine Wurzeln nicht kappen«

Ich bin in einer Familie aufgewachsen, in der viele Dinge nicht ausgesprochen wurden. Ich glaube, meine Eltern haben erst mit mir gelernt, überhaupt Konflikte auszutragen, denn wenn man sich streitet, hat man sich nicht lieb. Wenn ich früher Trouble mit meinem Vater hatte, kam er – klopf, klopf – in mein Zimmer und meinte, lass uns wieder gut miteinander sein. Obwohl ich verletzt oder wütend war und gerne noch ein paar Stunden sauer gewesen wäre, hab ich ihm zuliebe nachgegeben. Ich habe nicht auf meine eigenen Gefühle gehört, damit er seinen Frieden hatte.

Konfliktstoff gab es dagegen in meiner großen Familie immer mehr als genug: Meine Oma hat mir böse Dinge über meine Mutter gesagt, die hat sich dann gerechtfertigt und wiederum über ihre Schwester hergezogen, meine Patentante, gegenüber der sie sich benachteiligt fühlte. Es gab Erbstreitigkeiten und Streit zwischen meiner Oma und meiner Uroma, es herrschte stets so ein Misstrauen, und keiner verstand sich mit irgendjemandem. Es war ein Minenfeld, ein ewiges Kreuzfeuer. Als Kind stand ich immer zwischen den Fronten und dachte: Was ist denn nun die Wahrheit? Ich hab sie doch alle gern! Meiner Mutter habe ich später auch vorgeworfen: Warum hast du mich nicht geschützt und gesagt, lasst das Kind da raus?

Nach außen wurde alles abgeschirmt. Traue keinem, die Familie ist das Allerwichtigste, auch wenn dort ständig gekämpft wird – von diesen Doppelbotschaften gab es ganz viele. Mein intuitives »Bauchgefühl«, diese innere Stimme, die uns warnt oder auch in unserem Handeln bestätigt, war dann irgendwann verschwunden. Hallo, Bauchgefühl, sag mir doch mal was! Aber da war nichts mehr, jahrelang. Wenn man aufhört, der inneren Stimme zuzuhören, sie immer wieder ignoriert, dann verstummt sie irgendwann – oder bahnt sich ihre eigenen, unkontrollierbaren Wege. In meinem Fall hat sie sich in Form von seelischen Störungen Gehör verschafft. Die damit verbundenen schrecklichen Gefühle zuzulassen, anzuschauen und auszuhalten, erschien mir lange Zeit unmöglich. Erst im Verlauf meiner Therapie habe ich begriffen, dass es meine eigenen Anteile, meine Verwundungen sind, die gehört und verstanden werden wollen. Ich musste erst wieder lernen, meiner inneren Stimme zu vertrauen und sie als Helfer in meinem Leben zu verstehen.

Meine Mutter ist ein sehr distanzierter Mensch. Sie fand, mir ginge es doch gut: Ich weiß gar nicht, was du willst und was du dir für Gedanken machst. Da habe ich ihr einmal geantwortet: Ja, außer dass ich eine Depression habe, Angst- und Panikattacken und eine Essstörung geht es mir blendend! Und sie saß da in ihrem Liegestuhl und hat überhaupt nicht reagiert. Nichts, keine Reaktion von der eigenen Mutter. Es hat Monate gedauert, bis ich das halbwegs verdaut hatte. Ich war damals 18 und wollte, dass sie sich endlich mal Gedanken macht, sich was erklären lässt, es gibt auch Beratungsstellen für Mütter von Kindern mit Essstörungen. Aber es kam eben nur: Ach, hast ja wieder abgenommen. Das sind diese Sequenzen, die ich auch aus meiner Kindheit kannte, wenn meine Mutter zum Eisklotz wurde: Man konnte sich noch so anstrengen, man erreichte sie nicht.

Ich habe oft versucht, mich mit meinen Eltern auseinander zu setzen, mich an ihnen zu reiben, mit allen Mitteln, auch mit Wutanfällen – aber von ihnen kommt ja nichts. Sie kokettieren beide lieber mit ihrer Schwäche: Wir haben es ja nicht so gemeint. Und das war's. Andererseits haben meine Eltern mich sehr an sich gebunden, ich durfte nicht gehen, mich nicht ablösen. Sie haben mir immer das Gefühl gegeben: Ohne dich kommen wir nicht klar! Ganz lange bin ich mit ihnen noch verreist, auch mit meinem damaligen Freund zusammen.

Eineinhalb Jahre war ich mal ausgezogen, aber als ich sie eines Abends besuchte, waren sie tatsächlich gerade mit dem Presslufthammer dabei, mir eine Wohnung auszubauen: Ach, die Miete ist doch viel zu teuer – und ich hab mich nicht getraut zu sagen: Habt ihr sie eigentlich noch alle? Wer hat mich denn gefragt! Also wohnte ich mit Anfang zwanzig wieder zu Hause. In dieser Zeit war ich zur Kur in einer psychosomatischen Klinik und hatte eine Heidenangst: Sechs Wochen ohne Kontakt zu meinen Eltern, wie halte ich das bloß aus. Eines Abends stand ich draußen und erlebte ein solches Gefühl von Glück und Befreiung, ich konnte mich nicht erinnern, wann ich mich das letzte Mal so glücklich und frei gefühlt hatte, so frei von allem familiären Ballast. Aber wieder auszuziehen, nachdem sie mir die Wohnung ausgebaut hatten, habe ich nicht gewagt.

Nach dem Tod meiner Großeltern väterlicherseits boten mir meine Eltern an, das Haus meines Opas im Nachbarort zu übernehmen. Und ich habe gedacht: Das Haus von Opa ist ja schon mal ein Stück weiter weg, dort kann ich ja hin, ohne meine Eltern zu verletzen. Mein Freund und ich haben das Haus renoviert, natürlich immer mit der ganzen Familie auf der Baustelle. Zwei Jahre habe ich mich krumm gemacht, die Einmischungen meiner Mutter ertragen, auch noch zwischen meinem genervten Freund und den Eltern vermittelt. Es war furchtbar, und ich habe gemerkt, ich baue hier gar nicht mein Haus, sondern meine Mutter baut eigentlich ihr Haus.

Ich war ungefähr 30 Jahre alt, als ich feststellte, dass sich meine Eltern überraschend gut damit arrangieren konnten, dass ich weg ging. Damals lernte ich eine Frau kennen – meine Frau, mit der ich heute verheiratet bin. Nach einem halben Jahr zog ich zu ihr. Meine Eltern haben das akzeptiert, mein Vater hat sogar zu ihr gesagt, Mensch, du bringst hier mal frischen Wind in die Familie. Mit ihr habe ich ganz viel Familiengeschichte aufgearbeitet, auch in unseren Konflikten. Ich konnte mit ihr zum ersten Mal Dinge wirklich besprechen. Reden, reden, reden, das war mir so wichtig. Wenn nur ein Sandkorn im Getriebe war, wollte ich das ausgeräumt haben.

An meiner Frau habe ich mich anfangs auch sehr orientiert, was Werte betrifft. Ich bin ohne greifbare Werte und Normen aufgewach-

sen und ohne Anregungen. Mich hat das Leben über weite Strecken einfach nicht satt gemacht. Es gab so wenig geistige Nahrung, dass ich manchmal denke, vielleicht habe ich auch deshalb eine Essstörung bekommen. Ich habe mir immer ganz viel bei anderen abgeguckt, alles aufgesogen wie ein Schwamm, weil ich gespürt habe, ich habe so viel Potenzial, das ich nicht mal benennen konnte. Auch heute ist das noch so, ich will einfach noch ganz viel erleben und erfahren, Menschen begegnen, Geschichten hören. Ich würde gerne Theater spielen, es gibt so viele Wege, das Innere nach außen fließen zu lassen.

Vor eineinhalb Jahren hatte ich nach einem Familienkonflikt und einer beruflichen Überlastung noch einmal eine schwere Krise. Ich bin in eine tiefe Depression gefallen mit Angst und Panikattacken, ich bin im Garten auf und ab gerannt und kannte mich selbst nicht mehr. Über Wochen war ich wie in einer Zeitschleife gefangen, mal war ich die 6-Jährige, mal die 14-Jährige mit den entsprechenden Handlungsmustern. Ich hatte schreckliche Angst, in den Wahnsinn abzudriften und nicht mehr in mein Erwachsenen-Ich zurück zu finden.

In der Therapie habe ich meine verschiedenen Kinder- und Jugend-Ichs aufgearbeitet und war erstaunt, wie stark die waren. Ich habe die 18-Jährige mit ihrer Essstörung gehasst, aber nachdem ich einen Zugang zu ihr gefunden hatte, konnte ich sagen: Du hast ganz schön was weggesteckt, du hast ja richtig Power. Eine Zeit lang hatte ich mal die Idee, alle Wurzeln zu kappen, alles Vergangene auszulöschen, um nicht immer in der Vergangenheit und am Leben vorbei zu leben. Aber ich habe gemerkt, ich muss die Wurzeln nicht kappen, ich bringe auch gute Anteile mit.

Während meiner Krise waren meine Eltern oft bei mir zu Hause, haben sich um mich gekümmert, meine Mutter hat mich bekocht. Irgendwann habe ich erkannt: Sie bedienen ihr Kind, damit sie es wieder ein bisschen sicher haben. Ich habe gesagt, ich will das nicht mehr, ich brauche Abstand. Sie haben sich dann ziemlich genau an Absprachen gehalten und wollen jetzt immer etwas Regieanweisung, wie der Kontakt auszusehen hat. Das ist fast schon wieder komisch.

Ich habe meine Abnabelung vollzogen, obwohl ich mich für meine Eltern und meine jüngere Schwester noch immer verantwortlich fühle. Aber das ist in Ordnung, es ist ja Familie. Wenn ich merke, etwas tut mir nicht gut, sage ich es. Inzwischen sehe ich auch relativ schnell: Stopp, jetzt überschreitet ihr gerade mal wieder meine Grenze. Das sind Dinge, die ich früher gar nicht bemerkt habe. Inzwischen kann ich auch mal mit Sandkörnern leben und vieles mit mir selbst klären. Ich möchte meine Kontakte so gestalten, dass man miteinander ins Gespräch kommt und nicht übereinander. Und es war mir wichtig zu lernen, den anderen nichts mehr von der Stirn abzulesen: Wenn ihr etwas von mir möchtet, sprecht es einfach an.

Es gab bei mir immer ein fast kindliches Bedürfnis, von meinen Eltern verstanden zu werden. Dieses Verständnis werde ich wahrscheinlich nicht herstellen können. Aber ich würde mir wünschen, dass meine Eltern den Weg meiner Entwicklung mitgehen können und erkennen, dass das nicht Entfernung bedeuten muss, sondern auch Annäherung sein kann. Mein Vater macht seit einigen Monaten ebenfalls eine Therapie, das finde ich super, und ich habe ihn dafür sehr gelobt.

Kürzlich war ich noch einmal am Grab meiner Großeltern, auch, um mich zu bedanken: Ohne euch hätte es mich nie gegeben. Ich weiß jetzt vieles mehr und ich möchte mich versöhnen mit der Vergangenheit, um sagen zu können: Heute führe ich mein Leben, ohne dass ich einen Rattenschwanz alter, belastender Geschichten mit mir herumschleppen muss.

Persönlichkeit und Beziehungsstörungen

Bindung und Lösung

Das unbekannte Drehbuch

Unter den vielen verschiedenen Beziehungen, die Menschen miteinander unterhalten, ist die Verbindung von Eltern und Kindern von einzigartiger Konsequenz: Nicht jemanden getroffen und für eine Weile einen Lebensbereich mit ihm geteilt zu haben, sondern aus ihm hervorgegangen zu sein, ist eine Verbindung, die durch kein Werkzeug aus den Fugen zu bringen ist. Wie anders ist es zu erklären, dass Kinder mit den besten Adoptiveltern der Welt alle Hebel in Bewegung setzen, Detektive und Gerichte beschäftigen, um ihren leiblichen Eltern endlich ins Gesicht sehen zu können! Oft sind sie dabei getrieben von der Frage, welche Gründe die Eltern wohl bewogen haben, sich von ihrem Kind zu trennen. Von den Eltern angenommen und geliebt zu werden ist für alle Kinder von zentraler Bedeutung, und auch als Erwachsene wünschen wir uns eine gute, tragfähige Beziehung zu ihnen.

Für viele Menschen ist es schmerzhaft und oft auch beschämend, wie weit hier Wunsch und Wirklichkeit auseinander klaffen. Der eigene Lebenslauf – eine ganz normale Story mit den üblichen Stationen, Höhen und Tiefen. Und doch für viele Erwachsene mit der Seitenhandlung einer belasteten Elternbeziehung versehen, für die ein Happy End nicht eingeplant zu sein scheint. Die Darsteller sind sich selbst überlassen, denn ein Regisseur ist nicht in Sicht und obendrein das Drehbuch unbekannt – ein Kammerspiel, von dem kaum einer weiß, nach welchen Regeln hier agiert wird. Aber es gibt dieses heimliche Drehbuch, das Gedanken und Gefühle der Akteure steuert und ihre Handlungen lenkt wie das Implantat in den Köpfen der Geschöpfe eines Science-Fiction-Films. In ihm sind die unverheilten seelischen Verletzungen notiert, mit denen ein Teil des Ensembles bereits die Bühne betreten hat und die nun das Geschehen beeinflussen, in das bald alle »Spieler« – Eltern und Kinder – fest eingebunden sind.

Auch Eltern waren Kinder

Es ist für alle Beteiligten oft eine kaum lösbare Aufgabe, an die Eintragungen des Drehbuchs heranzukommen, ihre Bedeutung zu entziffern und Einfluss auf die Rolle zu nehmen, in die sie da hineingeraten sind. In den folgenden Kapiteln soll eine Entschlüsselungshilfe gegeben werden, um erwachsenen Kindern Hinweise auf die Hintergründe zu geben, die für ihr Eltern-Kind-Verhältnis bedeutsam sind. Die Darstellung der psychologischen Zusammenhänge soll ein Erkennen der – überwiegend aus der Kindheit stammenden – Verletzungen unserer Eltern und der Folgen für die Persönlichkeitsentwicklung erleichtern. Sie soll zugleich die Auswirkungen der elterlichen Persönlichkeit auf ihre Kinder – uns selbst – durchschaubar machen. Auch Eltern waren einmal Kinder und ebenso wie wir Erfahrungen ausgesetzt, die in der Seele tiefe Spuren hinterlassen haben.

Damit rücken zwei weitere Generationen ins Blickfeld: unsere Großeltern, unter deren Einfluss unsere Eltern gestanden sind, und unsere eigenen Kinder, die wir unwissentlich und ohne es zu wollen oft wiederum in Verstrickungen hineinziehen, an denen wir selber leiden. Erst wenn wir um die Wirkung seelischer Verletzungen auf das Verhalten von Menschen wissen, können wir den engen Blickwinkel, den uns unsere Subjektivität vorgibt, erweitern und anders als bisher miteinander umgehen.

Die Schlüsselrolle der Eltern in der frühen Kindheit

Niemals steht der Mensch vor größeren Entwicklungsaufgaben als in den ersten Lebensjahren. Während dieser Zeit ist das Kind seiner Umgebung völlig ausgeliefert und für viele weitere Jahre wird das Verhalten seiner wichtigsten Bezugspersonen – insbesondere die Mutter, später auch der Vater und die Geschwister, andere Familienangehörige, Erzieher und Lehrer – großen Einfluss auf seine Persönlichkeitsentwicklung nehmen. Die extreme Abhängigkeit in den ersten Lebensjahren bezieht sich nicht nur auf die physische Hilflosigkeit des Kindes. Sie ergibt sich vor allem aus der Tatsache, dass das menschliche Gehirn im Kindesalter überaus reizempfindlich ist und in der ersten Zeit über keine Schutzmechanismen verfügt. Eine zentrale Aufgabe der Eltern besteht eben darin, ihre Kinder heil durch diese ersten Lebensjahre zu bringen, sie vor einem schädlichen Übermaß an Reizen zu schützen und ihnen dabei zu helfen, Erfahrungen seelisch zu verarbeiten. Kinder sind deshalb in existenzieller Weise von der Persönlichkeit ihrer frühen Bezugspersonen abhängig. Sie brauchen Menschen, die ihnen die Überzeugung vermitteln, dass die Welt ein guter Ort ist, an dem man beschützt und sicher aufgehoben leben kann. Dieses Urvertrauen ist nötig, damit sich das Kind im Gefühl des Geborgenseins seinen körperlichen, seelischen und intellektuellen Entwicklungsaufgaben zuwenden kann. Kinder sind auf Eltern angewiesen, die sich in sie einfühlen können, die ihnen Trost spenden und sie in schwierigen emotionalen Situationen unterstützend begleiten. Die verlässlich als auch in ihren Reaktionen berechenbar sind und ihren Kindern die Gewissheit geben, angenommen und in Ordnung zu sein, so wie man ist. Dann können Kinder eine sichere Bindung zu den Eltern entwickeln, die ihr Selbstvertrauen stärkt und ihnen auch im späteren Leben hilft, Konfliktsituationen zu meistern und sich anderen Menschen vertrauensvoll zuzuwenden.

Die Eltern als Förderer von Individuation

Eltern müssen andererseits ihren Kindern Raum geben, sich von ihnen zu entfernen und ihre Individuation vorantreiben zu können, sich also wieder von den Eltern zu lösen. Dazu gehört ein grundsätzliches Vertrauen, dass das Kind die ihm gestellten Aufgaben bewältigen und es seinen Weg machen wird. Dazu gehört auch, dass Eltern das Kind als »Individuum im eigenen Recht« wahrnehmen, das ungeachtet seiner schwächeren Position als Partner an der Gestaltung des Familienlebens beteiligt wird und dabei auf Fairness, Güte und einen »gefahrlosen Dialog« zählen kann.[2] Schließlich müssen Eltern zulassen, dass ihre Kinder in den verschiedenen Ablösephasen von Kindheit und Jugendalter ihre Individuation auch gegen die Eltern vollziehen – eine gewiss nicht immer leichte Aufgabe für Väter und Mütter, denn diese wichtigen Abgrenzungen sind »kaum, wenn überhaupt, ohne deren (zeitweilige) Entwertung möglich«.[3]

»Im Rahmen des individuellen und familiären Lebenszyklus werden immer wieder neue Entwicklungs- und Individuationsschritte fällig. Es muss immer wieder eine neue, für alle Beteiligten akzeptable Balance von Nähe und Distanz, von Eigenständigkeit und Gemeinschaft, von gegenseitig bestätigten Rechten und Pflichten ausgehandelt werden«, schreibt der Familientherapeut Helm Stierlin.[4] Dafür ist eine Atmosphäre der Verbundenheit erforderlich, in der auch Abgrenzung und Auseinandersetzung erlaubt sind und die Beziehung zu den Eltern als belastbar und nach Dissonanzen als wiederherstellbar erfahren wird. Am Ende einer gelungenen Individuation stehen dann Eltern, die ihren Kindern weiter zur Seite stehen, die aber bereit sind, ihre Autonomie und eine Erwachsenenbeziehung mit ihnen zu akzeptieren. Jungen Erwachsenen, die in ihrer Kindheit und Jugend gemeinschaftlich bewältigte, phasenweise auch gegen die Eltern vollzogene Entwicklungen auf der Basis von Liebe, Anerkennung und Kompromissfindung durchlaufen haben, wird eine positive Ablösung von den Eltern gelingen, in deren Verlauf sich die zunächst extrem »asymmetrische« Abhängigkeitsbeziehung des Kindes in eine zunehmend »symmetrische« Erwachsenenbeziehung wandelt. Unter diesen Umständen können sie sich wiederum ihren eigenen Kindern in einer verständnisvollen Weise zuwenden, die diesen zu einer stabilen Persönlichkeit verhilft.

Sichere Bindung – leichte Lösung

Die Bindungsforschung zeigt, wie schicksalhaft sich die Fähigkeit der ersten Bezugspersonen, vor allem der Mutter, auswirkt, ein emotionales Band zwischen sich und dem Kind zu knüpfen und einfühlend während kritischer Entwicklungsmomente zur Stelle zu sein. Ein Meilenstein in der Beziehung zwischen dem Kind und seiner wichtigsten Bezugsperson stellt das Bindungsverhaltenssystem dar, das das Kind entwickelt, wenn es krabbeln und laufen lernt. Dieses sorgt dafür, dass das Kind nicht in Gefahr gerät oder verloren geht, indem es beim Erwachsenen ein Fürsorgeverhalten auslöst. Kinder, die ihre Mütter als verlässlich, offen und freundlich erleben, entwickeln ein sicheres Bindungsverhalten. Sie können darauf bauen, dass ihre Mütter ihnen auch durch Situationen hindurchhelfen, die emotional nicht allein bewältigt werden können. Diese Sicherheit wirkt sich positiv auf ihr Selbstwertgefühl aus, stärkt ihr Vertrauen in eine letztendlich sichere Welt, in der man nicht allein gelassen ist, und macht es ihnen leicht, Gefühle offen zu zeigen. Sicher gebundene Kinder können ein autonomes Ich entwickeln, und es wird ihnen auch die für ihre Individuation notwendige Loslösung von den Eltern leichter gelingen.

Die unsichere Bindung und die Angst vor dem Verlassenwerden

Kinder, deren Mütter auf kindliche Gefühlsausbrüche ablehnend reagieren, zeigen ein unsicheres Bindungsverhalten. Diese Mütter sind zwar anwesend, zeigen sich aber emotional distanziert und wenig einfühlsam oder sind in ihrer Zuwendung unberechenbar für das Kind, weil sie im einen Moment überschwänglich herzlich, im anderen abweisend reagieren. Sie sind oft nicht in der Lage, die emotionale Not ihrer Kinder zu erspüren und zu lindern – mit schwerwiegenden Folgen: Um sich die notwendige Nähe der Mütter zu sichern, verzichten diese Kinder darauf, sich spontan und unverstellt zu verhalten. Sie unterdrücken Wut, Kummer oder Angst und erscheinen unbeteiligt, um abweisenden Reaktionen der Mutter zu entgehen. Oder sie entwickeln – im Falle einer unvorhersehbar zugeneigten oder ablehnenden Mutter – die Strategie, ihren Kummer zu übertreiben, damit ihre Not auch wirklich wahrgenommen wird.[5]

Menschen, die in dieser Entwicklungsphase keine sichere Bindung entwickeln konnten, leiden oft auch im späteren Leben unter den Auswirkungen dieser frühen Erfahrungen, denn sie bilden das Grundmuster für spätere Beziehungen: Weil die Liebe der Mutter nicht sicher genug verankert ist, können sie Situationen von Trennung und Verlassenwerden nur schwer bewältigen und reagieren auf Zurückweisungen besonders empfindlich. Ihr Selbstvertrauen ist häufig instabil und es fällt ihnen oft auch nicht leicht, anderen zu vertrauen, was sich in abweisendem oder auch anklammerndem Verhalten zeigen kann. Sie können eigene Bedürfnisse weniger gut wahrnehmen und anderen vermitteln als Menschen mit einer sicheren Bindung. Die Bindungsforschung wirft ein Schlaglicht auf einen zentralen Faktor kindlicher Persönlichkeitsentwicklung: Kinder sind in höchstem Maße darauf angewiesen, sich die Fürsorge und Liebe ihrer Bezugspersonen zu erhalten. Verlassen zu werden bedeutet für das abhängige Kind die größte Gefahr und diese Vorstellung löst tiefste Ängste aus. Trennungs-und Verlustängste, die bei Kindern durch das Verhalten der Eltern oder konkrete Verlusterfahrungen geweckt werden, haben somit großen Einfluss auf die Persönlichkeitsbildung. Sie können auch im Verhältnis zu den eigenen Kindern immer wieder aufleben. Das unbedingte Angewiesensein auf die verlässliche Anwesenheit und Liebe der Mutter zeigt sich – wie die Bindungsforschung belegt – vor allem in den Auswirkungen auf die Gefühlswelt des Kindes. Hat es Anlass, so, wie es sich gerade fühlt und äußert, »nicht richtig« zu sein, wird es sein Verhalten in einer Weise verändern, dass sein Wunsch nach Zuwendung und Bestätigung in irgendeiner Form erfüllt werden kann.

Dies ist zunächst ein alltäglicher, natürlicher und unumgänglicher Vorgang, denn die Mitgliedschaft in einer sozialen Gemeinschaft ist immer mit Einschränkungen der eigenen Selbstherrlichkeit verbunden. Jeder muss lernen, dass es nicht nur »mein«, sondern auch »dein«, nicht nur ein »Sofort«, sondern auch ein »Später« im Leben gibt, mit dem man sich arrangieren muss. Entscheidend ist dabei, unter welchen Bedingungen diese Anpassungsleistungen erbracht werden müssen. In einem Erziehungsklima von Verlässlichkeit und Annahme sind auch Versagungen, vorübergehende Trennungen, Misserfolge, Meinungsverschiedenheiten mit heftigen Gefühlsausbrüchen (und was dergleichen mehr an seelischen Kraftakten dem noch unreifen Ich des Kindes zwangsläufig zugemutet wird) zu verdauen. Dies alles mündet in einem Zuwachs an Reife. Lebt das Kind jedoch unter dem Eindruck, die Hilfe und Liebe der Eltern aufs Spiel zu setzen, wenn es sich anders als gewünscht verhält, wird seine Anpassung an die Realität von Angst diktiert.

Anpassung um einen hohen Preis: Das »falsche Selbst«

Unter dem Einfluss von Angst wird die Reifung seelischer Entwicklung behindert – das Kind passt sich an, koste es, was es wolle. Der Psychoanalytiker Donald Winnicott hat für diesen Vorgang einen markanten Begriff geprägt: Das Kind entwickelt ein »falsches Selbst«. Es muss sich innerlich gleichsam verbiegen und viele Anteile seines Selbst unterdrücken und verleugnen, um nicht preisgegeben zu sein. Dadurch ist es gezwungen, gegen sein eigenes Entwicklungsprogramm zu handeln: Es verzichtet unter anderem oftmals darauf, wichtige

Individuationsschritte zu gehen, bei denen es sich gegen die Eltern stellen, sich innerlich von ihnen entfernen müsste.

»Je gefährdeter ein Kind die Beziehung zu Vater und Mutter erlebt, je bedrohter sie tatsächlich ist oder vorgestellt wird, desto schwerer ist es für das Kind, sie von sich aus zu belasten durch Wut und Zorn, überhaupt durch alle Äußerungen von Eigen-Sinn, die ja in jeder Entwicklungsphase so nötig sind, um sich der eigenen Einzigartigkeit zu vergewissern. Wenn sie die Haltbarkeit der wichtigsten Beziehungen in Frage stellen, müssen sie unterdrückt werden.«[6] Diese unter seelischem Druck vollzogene Anpassung geschieht auf Kosten der inneren Autonomie. Die natürlichen Nähe- und Distanzbewegungen des Kindes gegenüber den Eltern können gestört oder verzögert werden. Die Loslösung kann insgesamt bis weit ins Erwachsenenleben hinein beeinträchtigt sein oder auch völlig ausbleiben. Darüber hinaus werden überfordernde Anpassungen an die Vorstellungen und Wünsche der Eltern dadurch erkauft, dass das Kind den Zugang zu seinen Gefühlen »verengen«, sogar ganze Bereiche seines Gefühlslebens ausblenden oder abspalten muss: Ein Kind, das sich nur dann geliebt fühlt, wenn es fröhlich und umgänglich ist, wird nicht nur das Zeigen, sondern bereits das Fühlen von Traurigkeit, Unzufriedenheit oder Wut umso mehr verhindern müssen, je stärker es sich dadurch in Gefahr begibt, abgelehnt zu werden.

Je mehr »negative« Gefühlskundgebungen unter Verbot gestellt sind und je einschneidender die zu erwartenden Reaktionen der Eltern sind, desto größer muss auch der Aufwand sein, mit dem Emotionen bereits unter der Bewusstseinsschwelle abgefangen und nicht fühlbar gemacht werden. Dadurch bleibt dem Individuum zwar irgendwann die bewusste Wahrnehmung bedrohlicher Gefühle erspart, es erleidet dadurch aber zugleich eine Verarmung seines

Gefühlsreichtums: Nicht nur über seinen eigenen emotionalen Zustand bekommt es jetzt keine verlässlichen Rückmeldungen mehr, auch das Einfühlungsvermögen in andere Menschen leidet.

Schatten der Vergangenheit: Kindheitserfahrungen bleiben lebendig

Überdies sind die Gefühle mit ihrer Ausblendung aus dem Bewusstsein nicht aus der Welt. Sie sind nun lediglich in den seelischen Untergrund verbannt, wo sie eine recht zügellose Existenz führen – eben weil sie nicht mehr das Bewusstsein erreichen und dadurch nicht mehr einer bewussten Bewältigung unterliegen. Der Gefühlsgehalt prägender Erfahrungen, wie sie die Kindheit aufgrund der großen Abhängigkeit und geistig-seelischen Formbarkeit in großer Fülle bereithält, wird in ähnlichen Situationen vom Gehirn jedoch immer wieder aktiviert.

Wenn aus den Kindern selbst Eltern geworden sind, flackern Gefühle wie Angst, Scham, Hilflosigkeit oder Verlassenheit aus der Kindheit immer wieder auf, wenn die eigenen Kinder sich in einer Weise verhalten oder in Situationen kommen, die damals Ablehnung, Spott, böse Worte oder Bestrafung nach sich zogen. Der Erwachsene wird in diesen Momenten gewissermaßen in seine Kindheit zurückkatapultiert und kann der bedrohlichen Gefühle nur Herr werden, indem er sie unbewusst abwehrt, oftmals mit dem »Universal-Abwehrmittel« Wut. Der seelischen Not des eigenen Kindes muss er sich dabei verschließen, denn er kann dort nicht mehr empathisch sein, wo ihn sein eigenes Schicksal »blind« gemacht hat.

In diesem fatalen Mechanismus liegt einer der Hauptgründe für schädliche Kreisprozesse, die Eltern das in der Kindheit Erlittene erneut an den eigenen Kindern ausagieren lassen: Eine Mutter, für die früher die Hausaufgabenstunde unter Aufsicht ihrer ehrgeizigen Eltern zum Horrorszenario mit Versagensängsten und Demütigungen wurde, wird ihre Tochter nicht mit der nötigen Gelassenheit und Zuversicht in ihre Fähigkeiten unterstützen können, sondern angstvoll und kontrollierend darauf bedacht sein, dass dem Mädchen bei den Hausaufgaben bloß kein Fehler unterläuft: Fehler zu machen ist furchtbar und unter allen Umständen zu vermeiden, lautet die Erfahrung, die die Mutter damals verinnerlicht hat und nun wieder ihrem Kind durch ihr Verhalten vermittelt. Selbstsicherheit und Freude an der eigenen Leistung können bei der Schülerin jetzt schnell in Unsicherheit und Angst vor Leistungsversagen umschlagen, was die Mutter damals so schmerzhaft erfahren hat.

Ein Vater, dem früher stets Ablehnung entgegenschlug, wenn er weinte, wird seinem Kind in Situationen von Kummer und Traurigkeit kein hilfreicher Begleiter sein können. Vielleicht wird er dem Kind seine Traurigkeit ausreden, nach der Devise »Es gibt überhaupt keinen Grund zu weinen« – mit dem Effekt, dass das Kind seinen eigenen Empfindungen nicht mehr traut. Oder er wird es ebenfalls ausschimpfen und sein Kind daran hindern, sein Bedürfnis nach Trost frei zu äußern. Kinder werden auf diese Weise dazu »erzogen«, den selbstverständlichen Zugang zu ihren Gefühlen und Bedürfnissen aufzugeben und – in mehr oder weniger Bereichen – nur ein Verhalten zu entwickeln, das den Eltern recht ist. Diese schädigenden Prozesse werden noch dadurch unterstützt, dass Kinder aufgrund ihrer psychischen Abhängigkeit für positive und negative Reaktionen der Eltern eine extrem feine »Nase« besitzen. Es bedarf in vielen Situationen nicht einmal deutlicher Kritik oder Bestrafung, um die oben beschriebenen Selbstbeschneidungen der Persönlichkeitsentwicklung auszulösen. Oft ist es gerade das Unausgesprochene, das sich in Körpersprache und Mimik der Eltern unbewusst ausdrückt, was Anlass zu Angst und Sorge gibt, ihre Liebe könnte sich auf unheimliche Weise verflüchtigen. Wenn Kinder die Einstellung der Eltern zu ihnen über Gebühr aus ihrem Verhalten erschließen müssen, weil eine offene Kommunikation nicht stattfindet, hält sie dies in steter Unsicherheit darüber, ob sie nun »gute« oder »schlechte« Kinder sind.

Es liegt auf der Hand, dass die geschilderten Umstände auf das Selbstbild, die innere Autonomie und die Ablösung großen Einfluss haben können. Eltern müssen sowohl über ein gutes Einfühlungsvermögen in ihre Kinder als auch eine ausreichende Selbstwahrnehmung und Selbstreflexion verfügen, um ihren Nachkommen zu Selbstsicherheit und Eigenständigkeit zu verhelfen. Die in der eigenen Kindheit erlittenen seelischen Defizite schlagen deshalb besonders schwer zu Buche, weil gerade Empathie und Selbstwahrnehmung durch seelisch nicht verkraftbare Erfahrungen beeinträchtigt werden.

Den Kreislauf durchbrechen

Erst wenn Eltern die Zusammenhänge zwischen Kindheitserlebnissen und ihrem Verhalten gegenüber den eigenen Kindern durchschauen, können sie aus dem Kreislauf der manchmal über Generationen hinweg weitergegebenen schädlichen Denk- und Verhaltensmuster ausbrechen. Die heutige ältere

Generation konnte dieses Wissen der modernen Psychologie nicht für sich nutzen. Gerade die Angehörigen dieser Altersgruppe waren sehr oft einer einfühlungsarmen, teils gewalttätigen Erziehung ausgesetzt. Sie konnten häufig keine innere Autonomie ausbilden, weil sie gezwungen waren, ihr wahres Selbst zugunsten einer überlebensstrategischen Anpassung an die Vorstellungen ihrer Umwelt aufzugeben. Und Anstöße zu einer späteren Aufarbeitung von Kindheitserfahrungen hat ihnen der Zeitgeist ihrer Epoche nicht gegeben. Ihre Kindheitsschädigungen haben sich deshalb mit großer Wahrscheinlichkeit in ihrem Verhalten gegenüber den eigenen Kindern nachhaltig niedergeschlagen.

Diese psychischen Schädigungen beeinflussen das Verhältnis auch noch, nachdem ihre Töchter und Söhne zu Erwachsenen geworden sind, weil die unbewussten Konflikte der Eltern nicht gelöst und Selbstwertdefizite nicht ausgeglichen werden konnten. Auch der ebenfalls nicht bewusste Anspruch, die Kinder mögen durch ihr Verhalten die Konflikte aus der Welt schaffen und die seelischen Wunden schließen, bleibt damit aufrechterhalten. Kinder können jedoch niemals »wieder gutmachen«, was den Eltern an psychischen Schädigungen und Lieblosigkeit in ihrer eigenen Kindheit widerfahren ist und was sie sonst noch an unbewältigtem Konfliktstoff im späteren Leben mit sich herumtragen. Kinder können oftmals nur in hilfloser Weise auf die in vielfältiger Verkleidung übermittelten Ansprüche der Eltern reagieren und werden dadurch in ein System gegenseitiger unausgesprochener Erwartungen und Forderungen eingebunden, das für sie meistens undurchschaubar bleibt.

»Bleib bei mir und kümmere dich um mich«, »Werte mich durch deine Leistungen auf«, »Werde so, wie ich dich haben möchte« oder »Lass mich die wichtigste Person in deinem Leben sein« können solche auf eine Kurzformel gebrachte Forderungen von Eltern lauten, die ihnen selbst nicht bewusst sind. Sie bilden zusammen mit den Verhaltensantworten der Kinder wie »Gib mich endlich frei, lass mir mein eigenes Leben« oder »Nimm mich an, wie ich bin« oft den Hintergrund eines belasteten Eltern-Kind-Verhältnisses, der eine Loslösung von den Eltern verhindert. Im Ringen um die Erfüllung der – unerfüllbaren – gegenseitigen Ansprüche bleiben Eltern und Kinder aneinander gefesselt.

Erwachsene Kinder, deren Elternbeziehung von den negativen Folgen der Erziehungspraxis ihrer Großeltern beeinträchtigt ist, stehen somit vor einer anspruchsvollen Aufgabe. Sie müssen die erforderliche Aufdeckungsarbeit sowohl zum Verständnis des eigenen Schicksals als auch zum Verständnis des elterlichen Kinderschicksals leisten, um sich von den Altlasten in ihrer Elternbeziehung zu befreien und diese dann »frei« gestalten zu können. Damit wird auch eine andere Aufgabe erleichtert: die eigenen Kinder freizugeben und ihnen die Autonomie zuzubilligen, die wir für uns selbst wünschen und uns oftmals erst als Erwachsene unter Mühen erarbeiten müssen.

Marianne (29): »Mit der Persönlichkeit meiner Mutter habe ich lange gekämpft«

Meine Mutter ist freie Künstlerin. Man verbindet das vielleicht mit Eigenschaften wie exaltiert und chaotisch, aber sie widmet sich allen Dingen mit großer Ernsthaftigkeit, Gründlichkeit und sehr hohen Ansprüchen. Eine Bekannte von uns macht Bauchtanz, und meine Mutter war entsetzt, als sie Fotos von ihr und ihrer Gruppe in schreiend bunten, paillettenbestickten, schrecklichen Fummeln sah. Für sie war es völlig unverständlich, dass die Bauchtanzgruppe kein Interesse hatte, sich eingehend mit orientalischer Kultur und authentischen Vorbildern auseinander zu setzen, sondern einfach mit ihrem seichten Unterhaltungsprogramm glücklich war. Diese Art, an die Dinge heranzugehen, ist im Kern gut, aber meine Mutter übertreibt es damit oft.

Ich habe einen großen Bruder, mit dem ich mich sehr gut verstehe; er ist zehn Jahre älter als ich und bei der ersten Frau meines Vaters aufgewachsen. Ich hätte mir einen großen Bruder, an dem sich meine dominante Mutter mit ihren Idealen hätte abarbeiten können, auch bei uns zu Hause sehr gewünscht. Sie hatte immer ganz eigene Vorstellungen, und die gingen deutlich darüber hinaus, dass ihrem verhätschelten Einzelkind nichts passiert: Während andere Jugendliche sich schon mal wochentags eine Nacht um die Ohren schlugen, war sie der Meinung, wenn man Schule und Hausaufgaben hat und Geige üben muss, sollte man so etwas auf keinen Fall tun. Zu erklären ist das wohl auch damit, dass ihre eigenen Eltern ungewöhnlich wenig auf sie aufgepasst haben. Sie und ihre Schwester hatten einen separaten Zugang zu ihrem eigenen Teil der Wohnung und konnten Tag und Nacht sein, wo sie wollten, aber meine Mutter hat sich damit sehr verloren und allein gelassen gefühlt.

Disziplin, Gewissenhaftigkeit, kontinuierliches Lernen – die Maßstäbe, die für sie selbst gelten, hat sie auch bei mir angelegt. Meine Mutter hat sehr darauf geachtet, was ich mache und in welchem Zeitraum, und ich fand es in vielen Fällen sehr hart, wie ich beurteilt und dann auch gemaßregelt wurde. Sie kann sich nach all den Jahren immer noch wahnsinnig darüber aufregen, dass ich in der 9. Klasse während einer Klassenreise nach Essen nicht mit ins Folkwang-Museum gegangen bin. Das berühmte Folkwang-Museum! Als man von der Jugendherberge dorthin aufbrechen wollte, bat mich eine Freundin um Hilfe, die im Waschraum gerade ihre Haare färbte und sich völlig mit der Zeit verkalkuliert hatte. Während also die anderen moderne Kunst vom Feinsten zu sehen bekamen, blieb ich bei meiner Freundin und habe leider den Fehler gemacht, meiner Mutter davon zu erzählen. Das war für sie eine absolute Katastrophe, weil man solche Gelegenheiten unbedingt wahrzunehmen hat. Es war für sie schlimmer, als wenn ich Koma-Saufen mit meinen Mitschülern veranstaltet hätte.

Meine Mutter und ich haben beide Kommunikationsdesign studiert. Sie hat mein Interesse an künstlerischer Arbeit angeregt und mich immer sehr gefördert, wie es auch meine Lehrer in der Schule getan haben. Aber ich habe mein Studienfach nicht ihr zuliebe gewählt; diese Neigung kommt nur aus einem selbst heraus. Doch während meine Mutter in die freie Kunst gegangen ist, arbeite ich im Verpackungsdesign. Sie sagt natürlich: Schnell weg aus dem Laden, such dir eine bessere Agentur, die kreativer ist und andere Ansprüche stellt. Das ist durchaus auch mein Interesse. Aber dieser Arbeitsplatz hat den Vorteil, dass ich ihrem Einfluss ein Stück entzogen bin, weil sie davon nichts versteht und deshalb ihre Maßstäbe nicht anlegen kann. Das war nämlich auch ein Problem während meines Studiums, als sie immer zu wissen meinte, was ich machen soll, mir Dinge vorzuschreiben versuchte und auf keinen Fall wollte, dass ich faulenzte oder mich oberflächlich beschäftigte. In den Semesterferien nur rumhängen – unfassbar! Auch mein damaliger

Freund, der immer so entspannt in den Tag hinein lebte und gern lange schlief, war für meine Mutter ein Graus.

Andererseits hat es mir nicht an Anerkennung gemangelt, weil ich ja immer dem Verlangten entsprochen habe. Sie hat sich sehr viel Zeit für mich genommen, als ich Kind war. Trotz aller Kritik und Ansprüche war sie auch immer stolz auf mich und hat anderen positiv über mich berichtet – was etwas heißen will, denn meine Mutter ist ein gnadenlos ehrlicher Mensch. Aber ich glaube, ich habe auch immer schön gekuscht. Nicht nur, weil sie als Mutter eine Respektsperson ist. Ihre Nervosität ist ein stets vorhandener Beunruhigungsfaktor, und sie steht oft unter Strom, obwohl sie eigentlich dazu gar nicht die Kraft hat. Über weite Strecken meiner Pubertät wurde dann zu einem großen Problem, dass sie ganz schlimm geschrien hat. In dieser Zeit wurde mein Vater sehr krank, er musste für längere Zeit ins Krankenhaus und mehrfach operiert werden. Meine Mutter war dadurch noch angespannter als sonst, was sich in einem solchen Geschrei entladen hat, dass ich dachte, jetzt kriegt sie einen Nervenzusammenbruch. Und das ziemlich oft. Es gab Zeiten, da hatte ich Angst, nach der Schule nach Hause zu kommen, weil ich wusste, was da für eine Laune herrschen würde. Ein Tropfen reichte, um das Fass zum Überlaufen zu bringen. Und es geht sehr schnell, bei ihr etwas falsch zu machen; oft sind es Kleinigkeiten, die sie maßlos aufbauscht – wo man Dinge hinräumt oder welches Geschirr man aus dem Schrank nimmt.

Es gab noch einen besonderen Auslöser, meine Mutter in Rage zu bringen, nämlich wenn sie keine Resonanz bekam. Sie schrie mich an, ich schwieg, weil ich verletzt oder blockiert war, weil ich gar nichts sagen konnte ohne zu weinen oder mir angesichts ihrer Wut schlicht die Worte fehlten. Sie interpretierte das als Nichtachtung oder Ablehnung, und das schaukelte sich immer mehr hoch. Mit Schweigen kommt meine Mutter bis heute nicht klar, und ein wesentlicher Grund dafür ist ihr schwer kriegstraumatisierter

Vater. Man hatte ihn quasi von der Schulbank an die Front geschickt, und als er zurückkam, sprach er oft wochenlang nicht. Selbst unbedeutendere Streitigkeiten mit seiner späteren Frau gaben Anlass, über Wochen zu schweigen, auch auf beiden Seiten. Meine Mutter hat mir erzählt, wie schlimm dieses Schweigen für sie war, sie hat es als Bestrafung und Missachtung aufgefasst. Sie hat eine Therapie gemacht und arbeitet eigentlich immer noch die Probleme ihrer Eltern auf, auch dies wieder mit der für sie typischen Sorgfalt und sehr hohen Ansprüchen an sich selbst. Inzwischen kann sie sich auch entschuldigen und sagt manchmal: Das muss ja wirklich schlimm gewesen sein mit mir damals. Auch ich kann mich besser auf sie einstellen und ihr klarmachen: So, wie du es jetzt siehst, ist es gar nicht, du interpretierst das falsch.

Es ist interessant, dass ich öfter gefragt werde, ob meine Eltern eigentlich zusammenleben. Mein Vater ist ein sehr zurückhaltender, stiller Typ, und in gewisser Weise wiederholt er mit seiner in sich gekehrten Art auch dieses belastende Muster aus der Kindheit meiner Mutter. Wenn ich von meinen Eltern erzähle, ist meistens von ihr die Rede, sie ist die Organisatorin, sie trifft die Entscheidungen, mein Vater ergreift kaum jemals die Initiative. Allerdings hat er immer für ein geregeltes Einkommen gesorgt und meiner Mutter die Berufstätigkeit als Künstlerin sehr erleichtert. Er hat sich auch aus der Erziehung und meinen Auseinandersetzungen mit ihr herausgehalten. »Ach, lass doch das Kind«, war eigentlich alles, was man von ihm – selten genug – hören konnte. Ich habe erst später bei anderen gemerkt, dass ein Vater auch eine starke Rolle spielen und eine Figur zum Festhalten sein kann. Aber ich muss sagen, dass mich das nicht in meiner Entwicklung tangiert hat, und wir sind uns trotzdem nahe.

Nach dem Abitur habe ich sofort das Weite gesucht, ich wollte unbedingt ausziehen, und das war auch richtig so. Ich hatte vorher die absurde Vorstellung, dass ich mit 18 auf andere Art und Weise ernst genommen werden würde. Aber am Geschrei und dem Ver-

fügen über mich änderte sich nichts, ich habe mich häufig sehr hilflos gefühlt. Während meines Studiums bin ich ein Jahr nach Mailand gegangen, die Universität dort bot ein sehr freies, vielseitiges künstlerisches Programm, und nach meiner Rückkehr musste ich mich in Deutschland erst wieder organisieren. In dieser Zeit bekam ich von meiner Mutter eine giftige längere Mail, in der sie mir vorwarf, vor der Zukunft davon zu laufen und keine Pläne zu haben, als wäre ich ein verlotterter Penner, der sein Leben nicht auf die Reihe bekommt. Da reichte es mir, und ich brach den Kontakt ab. Erst nach einem halben Jahr renkte sich unsere Beziehung langsam wieder ein, auch weil mein Vater sehr bekümmert war.

Seit ich zusammen mit meinem Freund in Hamburg wohne und mein eigenes Geld verdiene, hat sich vieles geändert, manches in Wohlgefallen aufgelöst. Ich bin finanziell von meinen Eltern unabhängig, und ich spüre, dass meine Mutter Respekt vor meiner Eigenständigkeit hat, denn es gab immer eine Grundangst bei ihr, sich nicht selbst versorgen zu können. Für sie ist es sicher erleichternd zu sehen, dass ich offenbar recht gut Entscheidungen über mein Leben treffen kann. Sie ist glücklicherweise keine Mutter, die klammert und dauernd angerufen werden will. Ich mag ihre Bodenständigkeit und weiß heute auch ihre unverstellte Offenheit zu schätzen. Sie liegt mit ihren Ansichten sehr oft richtig, auch wenn sie diese häufig schlecht verkauft und die Leute immer wieder vor den Kopf stößt. Meine Eltern wohnen inzwischen in einem 200-Seelen-Dorf in Ostdeutschland, und mit ihrer energischen Art, jedem unverblümt ihre Meinung zu sagen, hat sie sich dort schon einen Namen gemacht. Ich merke daran, dass ich nicht die Einzige bin, die mit der Persönlichkeit meiner Mutter zu kämpfen hat. Ich habe unter ihr gelitten, weil sie so ist, wie sie ist, aber so ist sie zu allen. Und ich habe mich, im Gegensatz zu vielen anderen Kindern, nie für irgendetwas schuldig gefühlt.

Selbstbild und Selbstwertgefühl

Kinder im Wertekosmos

Eine Vielzahl von Familienkonflikten haben ihren Ursprung in einer Selbstwertproblematik von Eltern, die der Bildung autonomer Persönlichkeiten oft über Generationen hinweg den Boden entzieht und wesentlich dazu beiträgt, dass Eltern und erwachsene Kinder in Konfliktkreisläufen miteinander verstrickt bleiben.

Die Bindungserfahrungen in der frühen Kindheit stellen bereits die Weichen dafür, wie sicher ein Mensch sich in der Welt beheimatet fühlt, wie vertrauensvoll er anderen gegenübertritt, wie gut er mit Gefühlen umgehen kann und auch, welche Vorstellungen er von sich selber gewinnt. Ein positives Urteil über sich selbst ist dem Menschen nicht in die Wiege gelegt, er erwirbt es durch Interaktion mit anderen Menschen, also durch die Art und Weise, wie andere auf ihn und er auf sie reagiert. Dabei betritt jeder von uns unversehens einen ganzen Kosmos von Werturteilen. Kinder geraten völlig unvoreingenommen in dieses Wertesystem von Gut und Böse hinein. Sie wissen nicht, was richtig oder falsch, lobens- oder tadelnswert, anzustreben oder zu bekämpfen ist, und übernehmen diese Verhaltensvorschriften und Beurteilungen von ihren Eltern. Solche Vorgaben sind wichtige Orientierungshilfen für das Kind und geben ihm Halt. Doch bei der Verinnerlichung der Wertungen, bei Ge- und Verboten spielt wieder die Art und Weise, wie sie vermittelt werden, eine große Rolle.

Gewissensbildung und Autonomie

In einer Atmosphäre gegenseitiger Wertschätzung, in der Regeln nachvollziehbar begründet und Urteile als revidierbar erfahren werden, kann sich im Kind ein unterstützendes Gewissen etablieren, das wenig von Versagens- oder Verlustängsten geprägt ist. Diesem Kind wird es auch später als Erwachsenem leicht fallen, die von den Eltern übernommenen Verhaltensvorschriften und Wertungen zu überprüfen, bewusst zu übernehmen oder durch andere zu ersetzen. Werden Normen jedoch als starres, unabänderliches Regelwerk präsentiert, an das sich durch Bestrafung oder Liebesentzug viele Ängste und Schuldgefühle geknüpft haben, entwickelt sich ein unnachgiebiges Gewissen, das keine Verstöße duldet. Menschen, die sich solchermaßen die ehernen Maßstäbe ihrer Eltern zu Eigen machen mussten, verlieren dadurch an innerer Handlungsfreiheit. Sie tun sich schwer damit, Meinungen und Wertungen flexibel und nach objektiven Gesichtspunkten abzuändern und eigene, kritische Haltungen zu entwickeln. Auch ihr Selbstwertgefühl leidet unter einem drohenden, strafenden Gewissen.

Sich selbst sehen durch die Augen der anderen

Anerkannt und geschätzt zu werden ist jedem Menschen ein lebenslanges Anliegen. Die Botschaften, die ein Kind aus seiner Umgebung über sich selbst erhält, legen den Grundstein dafür, inwieweit ein Mensch sich in seinem tiefsten Innern für »wertvoll« oder »wertlos« hält. Kinder sind hier den Urteilen ihrer Umwelt völlig ausgeliefert, denn ihnen fehlen die Maßstäbe, ihren Wert messen zu können, und das geistig-seelische Rüstzeug, Bewertungen zu objektivieren. Kindern bleibt in ihrer Abhängigkeit – und in ihrem großen Vertrauen in die Menschen, von denen sie abhängig sind – gar keine Wahl, als zu glauben, was man ihnen sagt und was man *über* sie sagt. Sie können den wertenden Aussagen ihrer sozialen Umgebung nichts entgegensetzen und müssen daher die Meinungen anderer über die eigene Person übernehmen, ohne sie hinterfragen zu können.

Kinder sind darüber hinaus im Alltag einer Flut von Bewertungen ausgesetzt: Sowohl ihr impulsives Handeln, ihre kindliche Unbeholfenheit als auch die Ansprüche ihrer Bezugspersonen machen Kinder zu Objekten, auf die ständig korrigierend eingewirkt wird. Es ist für die Persönlichkeitsentwicklung des Einzelnen schicksalhaft, ob die sehr häufig mit Wertungen verbundene Art und Weise dieser Korrekturen ihn und sie glauben macht: »Ich bin zwar nicht perfekt, aber das macht nichts, denn ich kann doch vieles und spüre, dass man mich mag«, oder ob sie den Eindruck entstehen lässt: »Ich bin dumm und unnütz, mich kann man gar nicht gern haben.«

Das Selbstbild – Kapital oder Hypothek

Diese unhinterfragte Übernahme von Meinungen und Beurteilungen oder Vorschriften wird in der Psychologie als »Introjektion« bezeichnet, die einzelnen »Meinungsbilder« und verinnerlichten Normvorgaben sind die »Introjekte«. Sie verdichten sich im Lauf der Zeit zu Überzeugungen und bestimmen maßgeblich das Bild, das wir von uns selbst haben, und damit auch unser Selbstwertgefühl. Je positiver die Einflüsse sind, unter denen sich das Selbstbild entwickelt, desto freundlicher werden auch die Introjekte sein, die ein positives Grundgefühl sich selbst gegenüber in der Psyche verankern – ein enorm wertvolles Kapital:

Wer sich selbst bejahen kann, vermag seine Stärken und Schwächen realistisch einzuschätzen und als Teil seiner selbst zu akzeptieren. Er vertraut auf seine Fähigkeiten und lässt sich durch Misserfolge nicht gleich aus der Bahn werfen, kann im Wissen um die eigene Liebenswürdigkeit feste Bindungen eingehen, ist weniger anfällig für Kränkungen und versöhnungsfähig. Menschen, die Selbst-Wertschätzung in sich tragen, können auch anderen mit Achtung und Nachsicht gegenübertreten und ihnen Eigenständigkeit zubilligen, sich andererseits aber auch Respekt verschaffen und eigene Interessen vertreten. Bei Menschen, die unter schädigenden Bedingungen aufwachsen, erweist sich die Prägung des Selbstbildes dagegen oftmals als schwere Hypothek. Kinder, deren Eltern gewalttätig sind, die Missachtung, Benachteiligung oder Ablehnung erfahren, deren Fehlverhalten häufig mit generalisierenden Abwertungen der ganzen Person geahndet wird, die unerfüllbaren Erwartungen, überfordernden Leistungsansprüchen oder Trennungen ausgesetzt sind, laufen Gefahr, negative Meinungsbilder über sich selbst zu entwickeln. Doch auch weniger gravierende Ereignisse können die Ausformung des Selbstbildes in die eine oder andere Richtung lenken. Kinder sind große Talente im »Zwischen-den-Zeilen-Lesen« und dem Erspüren von Stimmungen. Feinfühlig registrieren sie vieles, was um sie herum vorgeht, und interpretieren es aus ihrer begrenzten, kindlichen Sicht. Äußerungen von Erwachsenen wie »Andrea war ja so ein hässliches Baby« oder »Eigentlich wollte ich gar keine Kinder haben« können schon ausreichen, um Zweifel zu säen, nicht liebenswert oder nicht gewollt zu sein. Sicher wird die Ausformung des Selbstbildes von der Gesamtatmosphäre des sozialen Umfeldes bestimmt, die eher Selbstwert fördernd oder eher schwächend sein kann. Überdies existiert unser Selbstbild nicht als Skulptur »aus einem Guss«, sondern gleicht eher einem Fotoalbum mit durchaus gelungenen Aufnahmen, die man selbst wohlwollend betrachtet, und grässlichen Schnappschüssen, die keinesfalls die Schokoladenseite zeigen und am besten im Reißwolf aufgehoben wären. Je mehr entwertende Erfahrungen ein Mensch macht, desto negativer wird auch die Gesamtschau der introjizierten Selbstbilder ausfallen, wobei die Abhängigkeit des Kindes von seinen engsten Bezugspersonen deren Botschaften besonderes Gewicht verleiht. Introjekte können sich aber auch durch gegenteilige Erfahrungen wandeln. So können liebevolle Großeltern, motivierende Lehrer, gute Freunde und Erfolgserlebnisse Selbstwert schädigende Erfahrungen in der Kernfamilie modifizieren. Umgekehrt können zum Beispiel ein nachhaltig feindseliges Schulklima, aber auch den Selbstwert untergrabende Krisen im Erwachsenenleben die im Elternhaus gewonnenen positiven Selbstüberzeugungen ins Wanken bringen.

Schließlich ist die seelische Verarbeitung der Botschaften, die man über sich selbst erhält, individuell sehr unterschiedlich. Wie widerstandsfähig gegenüber schädigenden Einflüssen beziehungsweise wie verletzbar ein Mensch ist, wird auch von seinen Anlagen bestimmt. So kam eine amerikanische Langzeitstudie zu dem überraschenden Ergebnis, dass sich ein Drittel der untersuchten Kinder, die alle unter extrem belastenden familiären Bedingungen aufwuchsen, mit 18 Jahren zu »kompetenten und fürsorglichen Menschen mit großer Selbstachtung« entwickelt hatte, zwei Drittel hingegen litten an schweren Lern- und Verhaltensstörungen, psychischen Problemen oder waren straffällig geworden.[7]

Bei der Gestaltung des Selbstbildes erweist sich als besonders problematisch, dass die Introjekte im Erwachsenenalter zu Persönlichkeitsmerkmalen werden. »Wir *haben* nicht nur unsere Introjekte, wir *sind* auch unsere Introjekte«, betont die Psychotherapeutin Bärbel Wardetzki. Eine Person »*hat* nicht nur die Überzeugung, alles falsch zu machen, sie *ist* in ihren Augen auch eine Versagerin und hätte dafür jede Menge triftiger Beweise. Sie würde von sich aus gar nicht auf die Idee kommen, etwas anderes zu sein als eine Versagerin. Diese Tatsache macht es so schwer, ihre Überzeugungen zu verändern. (…) Denn dadurch, dass wir sie im Laufe unseres Lebens als Teil von uns erleben, statt als unverdaute Fremdkörper, die sie ja sind, ist es so schwer, sich von ihnen zu distanzieren und sie aufzugeben.«[8]

Zur Umformung eines negativen Selbstbildes müssten solche destruktiven Überzeugungen identifiziert werden, doch Introjekte erreichen meist nicht als klare Gedanken das Bewusstsein, wo sie dingfest gemacht und bearbeitet werden könnten. Sie liegen vielmehr in unserem »Hinterkopf« auf der Lauer, um uns mit bösartigen Einflüsterungen in Gestalt von diffusen Gefühlswallungen bei allen passenden Gelegenheiten das Leben schwer zu machen.

Ein negatives Selbstbild und ein entsprechend geschädigtes Selbstwertgefühl führen oftmals zu Selbstzweifeln und Mutlosigkeit, Lebenschancen zu nutzen. Menschen mit geringem Selbstwertempfinden sind für Kritik besonders anfällig, leicht gekränkt und schnell bereit, das Verhalten ihrer Mitmenschen als Ablehnung ihrer Person zu interpretieren. Es fällt ihnen oft schwer, Beziehungen nach Dissonanzen wieder ins Lot zu bringen und versöhnlich auf den Kontrahenten zuzugehen, weil die fehlende Selbstsicherheit große Ängste mobilisiert, weiteren Zurückweisungen ausgeliefert zu sein. Sie neigen deshalb dazu, sich zurückzuziehen oder sogar die Beziehung abzubrechen, statt sich mit dem Gegenüber auseinander zu setzen und gemeinsam mit ihm um Einigung zu ringen. In ihrer Verletzbarkeit reagieren sie häufig mit einer unangemessen heftigen Kränkungswut, die sie den »Gegner« zum rundum nichtswürdigen Individuum brandmarken lässt. Sie haben oftmals Hemmungen, ihre Wünsche an andere klar zu äußern, und geraten deshalb leicht in einen Kreislauf von unausgesprochenen Erwartungen und Enttäuschungen, die wiederum das negative Selbstbild zementieren.

Auf der Suche nach Bestätigung: Manipulation als Selbstwertstabilisierung

Jeder Mensch hat zentrale Grundbedürfnisse nach Liebe und festen Bindungen, Anerkennung und Bedeutung, nach Eigenständigkeit und Abgrenzung und möchte in seiner Umgebung Wirkungen erzielen. Diese Bedürfnisse korrespondieren wiederum mit Ängsten, ungeliebt und allein zu sein, ausgeschlossen zu werden, abhängig und ohne Einfluss zu sein und in seinen persönlichen Grenzen nicht respektiert, vielmehr von anderen »verschlungen« zu werden.

Wer als Kind gravierende Entwertungs-und Missachtungserfahrungen gemacht hat oder durch Lebensumstände als Erwachsener (etwa berufliche Misserfolge, Verschuldung, Erkrankungen oder unglückliche Partnerschaften) stark in seinem Selbstwertgefühl beeinträchtigt wurde, ist den genannten Ängsten besonders ausgeliefert. Da die Betroffenen nicht über ein ausreichendes »Guthaben« an Selbstwert als inneren Besitz verfügen, müssen sie sich ihren Wert immer wieder von außen bestätigen lassen. Sie leben in dem Glauben, dass das Verhalten der anderen dafür verantwortlich ist, dass sie sich wohl fühlen. Dieses Angewiesensein auf Bestätigung durch andere führt dazu, dass sie ihre Mitmenschen durch bestimmte Verhaltensweisen veranlassen, ihre Selbstwertdefizite auszugleichen. Dadurch lassen sich auch Schuld-, Scham- oder Ohnmachtsgefühle und Verlustängste mildern, die oftmals mit einem negativen Selbstbild verbunden sind.

Diese Manipulationsstrategien, die in ihrer Bedeutung nicht durchschaut und unbewusst eingesetzt werden, verfestigen sich im Lauf der Zeit zu Bestandteilen der Persönlichkeit: Wer sich brav und angepasst, nett und liebenswürdig, fürsorglich und hilfsbereit, kurzum: überaus »gefällig« verhält, kann auf Zuneigung und Anerkennung hoffen. Wer sich solchermaßen unentbehrlich macht, bindet dadurch andere an sich und schützt sich so vor dem Verlassenwerden. Das heißt nicht, dass diese positiven Eigenschaften grundsätzlich Anzeichen für einen Selbstwertmangel sind. Die Annahme liegt jedoch nahe, wenn sie das Charakterbild bestimmen und zugleich Abgrenzung und eine angemessene, nicht manipulatorische Durchsetzung von eigenen Interessen in den Hintergrund treten.

Macht und Kontrolle

Eine andere Strategie – die sich durchaus mit der eben genannten in einer Persönlichkeit vereinen kann – besteht darin, Macht und Kontrolle über andere zu erlangen, weil damit Gefahren für ein labiles Selbstwertgefühl abgewehrt werden können. Macht lässt sich gewinnen, indem man Menschen durch Zuwendungen und Vergünstigungen verpflichtet oder ihnen – unverhohlen aggressiv oder unterschwellig – Angst und Schuldgefühle einflößt. Wutanfälle, Gereiztheit, beleidigter Rückzug und Gesprächsverweigerung, Vorwürfe, Unterstellungen wie »Andere sind dir ja immer wichtiger«, Drohungen oder unheilvolle Ankündigungen wie »Du wirst schon sehen, was du davon hast«, Nachstellung und inquisitorische Ausforschung, Selbstmorddrohungen, Tränenausbrüche, Erkranken oder Lebensuntüchtigkeit als ständiges Hilfeersuchen an die Umwelt sind nur eine kleine Auswahl der enormen Vielzahl von Manipulationstechniken, um Menschen »in den Griff« zu bekommen und sie dazu zu bewegen, die eigenen, oft unbewussten Wünsche nach Bedeutung und Zuwendung zu erfüllen.

Das Bedürfnis, andere Menschen zu kontrollieren, geht häufig mit einer großen Angst einher, von anderen kontrolliert zu werden. Viele Menschen, die in ihrer Kindheit unter Erfahrungen des Ausgeliefertseins besonders gelitten haben, wehren sich mit großer Vehemenz gegen die Versuche anderer, sie zu irgendetwas zu bewegen, was sie nicht wollen. Dahinter steckt vielfach ein großes Unvermögen, sich angemessen abzugrenzen und schlicht »Nein« zu sagen. Abgrenzungen werden deshalb mit einem unangemessen großen emotionalen Aufwand betrieben, mit trotziger Verweigerung oder aggressiver Abwehrhaltung. Nicht selten wird dabei nur gegen Windmühlen gekämpft, weil ein im Grunde absichtsloses Verhalten anderer schnell als Kontrollversuch interpretiert wird.

Auch das eigene innere Geschehen unterliegt bei diesen Menschen oft einer strengen Zensur, weil sie früh gelernt haben, Gefühle zu kontrollieren, zu unterdrücken und ihr inneres Erleben an die Ansprüche ihrer Umwelt anzupassen. Kontrolle wird deshalb gleich an mehreren »Fronten« – gegenüber sich selbst, gegenüber Kontrollversuchen anderer und zur Kontrolle anderer – zu einem dominierenden Verhalten, das sehr viel Lebensenergie kostet und Beziehungen nachhaltig belastet.

Das Kind als verlässlicher Treuepartner

Die Adressaten von manipulativem Verhalten sind in erster Linie die Menschen, zu denen starke emotionale Bezüge bestehen. Die eigenen Kinder sind fraglos die willfährigsten Objekte im Dienste der psychischen Bedürftigkeit von Erwachsenen – nicht nur, weil sie existenziell auf die Eltern angewiesen und leicht beeinflussbar sind, sondern auch, weil sie mit unerschütterlicher Loyalität an den Eltern hängen. Dies macht sie zu verlässlichen »Treuepartnern«, die sich leicht für eine Wiedergutmachung der Schäden instrumentalisieren lassen, die die Eltern in ihrer Herkunftsfamilie oder durch andere belastende Lebensumstände erlitten haben.

Hinzu kommen die hohe Sensibilität von Kindern, die Bedürfnisse und unbewussten Wünsche der Eltern zu erspüren, und ihre Bereitwilligkeit, ihnen Lasten abzunehmen im intuitiven Bestreben, sich gute, unbeschwerte, fürsorgliche und schützende Eltern zu »erschaffen« – auf Kosten ihrer eigenen Entwicklung und Ablösung, die durch diesen vergeblichen Kraftakt hintangestellt werden müssen. Dieser wie ein Zahnradwerk ineinander greifende Mechanismus von kindlicher Einfühlung in die unbewussten Bedürfnisse der Eltern und deren Tendenz, ungelöste innere Konflikte an den Kindern auszutragen, trägt entscheidend zu Ablösungsabbrüchen und Beziehungsschwierigkeiten zwischen Eltern und Kindern bei.

Johanna (66):
»Man wünscht sich etwas, das man nicht haben kann«

Mit 30 bin ich bei meinen Eltern wieder eingezogen. Nicht gern, eher der Not gehorchend. Und aus Bequemlichkeit: Ich wurde bemuttert und kriegte jeden Tag mein warmes Essen, wenn ich nach Hause kam. Zehn Jahre hatte ich in einer anderen Stadt gearbeitet, dann studiert, und meine Eltern boten mir nach dem Examen zwei Zimmer im Dachgeschoss an. Ich liebte das Haus und den Garten, nach dem Studium hatte ich wenig Geld und das Verhältnis zu meinen Eltern war ja über weite Strecken ein gutes Verhältnis. Auf ihr Angebot habe ich erst ganz kess gefragt: Na, was habt ihr mir denn zu bieten? Da hat mir meine Mutter eine geklebt – und ich bin trotzdem eingezogen. Diesen Vorfall hatte ich wieder vergessen, sicher auch verdrängt. Später haben sie die Geschichte selbst aus der Mottenkiste geholt und gesagt: Das war damals richtig, dass Mutti dir eine Ohrfeige gegeben hat, was bist du doch für ein freches Geschöpf und undankbar!

Ich hielt mich dagegen für selbstständig und unabhängig. Ich hatte ja auch viel Freiheit und war mein eigener Herr. Es war bloß nicht die ganze Wahrheit. Ich habe nicht erkannt, wie sehr ich unter dem Einfluss meiner Eltern stand. Von Freunden, die über Nacht blieben, durften sie möglichst nichts wissen. Außerdem wohnte anfangs auch noch meine Großmutter da, die sich gern in mein Zimmer verirrte, wenn ich Besuch hatte. Eine Zeit lang war ich mit einem verheirateten Mann zusammen, aber meine Mutter hat mir so lange zugesetzt, bis ich die Beziehung aufgab. Meine Eltern waren ganz einfach der Meinung, so etwas tut man nicht. Erst als ich 40 war, hatten sie keine Einwände mehr gegen einen Freund. Ich glaube, da haben sie mir mein Glück gegönnt, obwohl sie wussten, dass auch dieser Mann verheiratet war.

Je älter die beiden wurden, desto mehr sollte ich für sie da sein. Es war selbstverständlich, dass ich machte, was sie sich vorstellten. Sie taten ja schließlich auch viel für mich und wollten ein Äquivalent zurück, zum Beispiel Fahrdienste. Jeden Abend musste ich außerdem raus, um die Fensterläden zuzumachen. Das hat mir gestunken und gleichzeitig war ich erschrocken, dass ich dazu so wenig bereit war. Es waren ja läppische Dinge: einkaufen – ja, warum sollte ich nicht einkaufen? Aber ich hab es widerwillig getan und auch oft rebelliert. Ohne Erfolg. Immer bloß rebelliert, aber nie Revolution gemacht. Einmal kam ich aus dem Urlaub zurück mit dem Vorsatz: Jetzt ziehst du aus. Eine Wohnung hatte ich auch schon, eine Dachwohnung, und siehe da: Der Schreibtisch passte nicht hinein. Das war für meinen Vater Anlass genug, mein Vorhaben recht höhnisch abzutun. Es wäre dumm, aus so einer schönen Wohnung auszuziehen. Das habe ich dann auch schnell eingesehen und mich schweigend in sein Urteil geschickt. Und war noch froh, dass es so glimpflich ausgegangen ist. Ich habe sicher noch mehr solche halbherzigen Versuche unternommen, mich gegen meinen Vater durchzusetzen. Aber ich habe ihn auch anerkannt und geliebt, das ist ja immer das Schlimme. Als er älter wurde, habe ich ihn ganz bewusst in seiner Rolle als Herr im Haus unterstützt, damit er sich gut fühlen konnte. Er stand im Garten neben mir und hat angeordnet, wie ich seine Rosen schneiden sollte. Das war wie ein Ritual, und ich habe es gerne getan, auch weil er körperlich schon sehr schwach war. Ich hatte eine unendliche Wut über die Tatsache, dass er sterben musste. Wie ein Fürst lag er da auf seinem Totenbett. Später habe ich von ihm geträumt: Er war tot, aber sein Mantel flatterte, als sei da noch so eine Art künstliches Leben. Dann war damit Schluss, kein Traum, nichts mehr. Zwischen meiner Mutter und mir gab es sicher eine Rivalität, und ich würde rückblickend sagen, dass unser Verhältnis belastet war. Wenn wir Krach hatten, war für mich meistens meine Mutter verantwortlich. Aus meiner

Sicht war sie stark und dominierend, oft auch hart und unnachgiebig. Und zu meiner großen Enttäuschung war mein Vater nie auf meiner Seite, wenn ich Unterstützung brauchte. Dass er nicht nur der Starke war, sondern auch Schwächen hatte, konnte ich damals nicht sehen. Ebenso wenig habe ich geahnt, unter welchem großen Druck meine Mutter während ihrer Ehe stand. Ich wurde während der Verlobungszeit meiner Eltern gezeugt, und das war ein Problem. Besonders der Schwiegervater hat meine Mutter immer abgelehnt, weil sie ihren zukünftigen Mann verführt hat. Sie hat die Verachtung der Familie sehr zu spüren bekommen. Während ihrer Ehe musste sie immer wieder zeigen, dass sie es wert gewesen ist, geheiratet zu werden. Sie hat mir oft gesagt: Du verlierst die Liebe eines Mannes, wenn du dich ihm vor der Ehe hingibst. Das war praktisch ihr Credo. Durch enormen Fleiß und Tüchtigkeit hat sie sich ihrem Mann unentbehrlich gemacht. Sie hat während des Krieges das Geschäft geführt, mich und meinen Bruder großgezogen, von morgens bis abends gearbeitet und sich nichts gegönnt.

Aber Gefühle zeigen, Empfindungen ausdrücken, Dinge offen ansprechen – das konnte sie nicht. Tränen waren nicht erlaubt. Meine Mutter war ein kühler, sachlicher Mensch und ich habe entsprechend reagiert. Geheult habe ich nur unter der Bettdecke, und dazu passt auch so manches andere, was ich an Kindheitserinnerungen habe. Als ich einmal ungezogen war, hat sie gesagt, ich soll in den Fluss springen und Selbstmord machen. Sie hat wahrscheinlich keine wirkliche Beziehung zu mir gehabt. Vielleicht hatte ich von Anfang an ihre Liebe verspielt, weil ich doch der Anlass für ihr Unglück war. Ohne es zu wissen, hat sie mir wohl dafür die Schuld gegeben. Ihre Zuneigung hat sie durch Fürsorge gezeigt – sehr große, ausgeprägte Fürsorge, ein Leben lang. Sie hat unendlich viel für mich getan, aber sie hat es nicht geschafft, Liebe zu zeigen. Es wäre manches leichter gewesen, wenn wir miteinander hätten reden können. Doch das war einfach nicht möglich.

Und so ist es dann auch zu diesem unglücklichen Abschied gekommen. Mit 82 hatte meine Mutter einen schweren Schlaganfall, wochenlang lag sie im Krankenhaus in einem Dämmerzustand. Im Grunde konnte sie gar nicht mehr sprechen, doch eines Tages sagte sie: Ich hab dich lieb. Nur diese Worte hat sie noch sagen können. Und dann weinte sie. Aber ich konnte es nicht ertragen, dass sie weinte. Tränen bei meiner Mutter durften nicht sein, ich durfte nicht weinen und ich konnte es auch bei ihr nicht sehen. Deshalb habe ich gesagt: Es ist gut, weine nicht! Das war wie ein Reflex, und damit war unser letztes Gespräch zu Ende. Als ich mich von ihr verabschiedete, hat sie sich mir mit ihrem ganzen Körper noch einmal entgegengewölbt. Wortlos und obwohl sie gelähmt war.»So spät!«, ist es mir durch den Kopf gegangen. »So spät sagst du das jetzt!« Wer weiß, was in den Wochen nach dem Schlaganfall in ihr vorgegangen ist. Ihre letzten Worte haben mir deutlich gemacht, wie viel sie versäumt hat und dass ihr dies auch bewusst geworden ist. Aber darüber reden konnten wir nicht mehr, und das macht mich sehr traurig. Ich glaube, um meinen Vater habe ich keine Tränen vergossen. Aber um meine Mutter habe ich sehr viel geweint – laut geweint. Und trotzdem ist mir immer wieder in der Zeit nach ihrem Tod der Groll hochgekommen über das, was sie mir zugefügt hat. Immer wenn ich dachte, jetzt bist du versöhnt und alles ist in Ordnung, kamen zu meiner Überraschung wieder Erinnerungen an unerfreuliche Begegnungen, die wir miteinander hatten, und mit ihnen auch Bitterkeit. Es hat lange gedauert, bis ich mich mit meiner Mutter versöhnt fühlte, und viele Schritte waren nötig. Irgendwann habe ich eine Rose auf ihr Grab gelegt und gesagt, so, jetzt ist es wirklich in Ordnung. Meine Mutter ist jetzt sechseinhalb Jahre tot und in diesem Frühjahr bin ich ihr durch eine tiefe Erfahrung noch einmal ein großes Stück näher gekommen. Ich habe eine besondere Reflexzonentherapie gemacht, mit der es möglich ist, an vorgeburtliche Erfahrungen anzuknüpfen. Meine Therapeutin sah dabei das Bild einer Frau, die in Tränen aufgelöst war, die in Sturzbächen weinte. Dieses Bild hat bei mir großes Verständnis für die Lage meiner Mutter ausgelöst. Sie hat mir unendlich Leid getan in ihrem großen Kummer, und damit war ihr vollkommen verziehen.

Aber an meine eigenen Gefühle komme ich nicht heran. Seit vielen Jahren beschäftige ich mich schon mit verschiedenen Methoden der Selbsterfahrung. Während einer Transaktionsanalyse habe ich geschrien und Schmerzen ausgedrückt, aber ich habe nichts fühlen können. Ein Fortschritt war dann die Bioenergetik. Heute mache ich »Schamanisches Reisen«. Dabei habe ich viele Bilder sehen können, die mir geholfen haben, mein Leben zu verstehen. Aber meine Gefühle bleiben blockiert, als sei da noch unheimlich viel Schmerz, der nicht abgearbeitet ist. Ich weiß ja auch, warum. Wie sehr ich abgelehnt wurde im Mutterleib, ist für mich mit Händen zu greifen. Ich lebe jetzt ohne Groll gegen meine Mutter, weil ich weiß, wie unendlich traurig sie selbst war. Das Bild von der weinenden Frau hat mir geholfen, sie in ihrem Jammer zu sehen. Ich meine, ich bin mit meinen Eltern versöhnt. Was soll jetzt noch kommen?

Wenn ich mit anderen über meine Eltern und unser Leben zu dritt spreche, kommen mir oft die Tränen. Ich wundere mich selbst darüber, dass meine Trauer noch so dicht unter der Oberfläche sitzt. Es ist das Bedauern, dass unser Verhältnis nicht besser sein konnte. Die Versuche waren da, sicher auch von beiden Seiten. Trotzdem ist es uns nicht gelungen. Ich habe meine Eltern immer angeguckt und gedacht: Was sind das doch für sympathische Menschen! Man wünscht sich etwas, das man nicht haben kann. Darum weine ich. Ich bedaure so sehr, dass es nicht anders sein konnte.

Kinder als Erfüllungsgehilfen des elterlichen Schicksals

Emotionale Ausbeutung

Das Hervorgehen der Kinder aus der elterlichen Existenz, das Machtgefälle zwischen ihnen und den Eltern und die emotionale Nähe machen Kinder zu Sonderfällen von Mitmenschen, die sich gleichsam mit Haut und Haaren zur Vereinnahmung anbieten. Was bei Lebenspartnern, Freunden oder in der Arbeitswelt den Rang einer Manipulation einnimmt, gegen die sich andere gegebenenfalls verwahren könnten, erweitert sich gegenüber den abhängigen eigenen Kindern zur so genannten emotionalen Ausbeutung. Die Kinder werden nicht als Individuum im eigenen Recht gesehen, sondern als »Fortsetzung des eigenen Selbst« der Eltern, wie es der Psychoanalytiker Horst-Eberhard Richter formuliert. Dort wo das Kind dringend der Unterstützung der Eltern bedarf, um Autonomie und Individualität auszubilden, rücken die Bedürfnisse der Erwachsenen an die erste Stelle. Indem die Eltern ihre ungelösten Konflikte und Enttäuschungen, Entwicklungsdefizite und die misslungene Ablösung von ihren Eltern am Kind aufarbeiten, wird dieses in einen Kreislauf der Schädigung hineingezogen. Seine Rolle »bestimmt sich aus der Bedeutung, die ihm im Rahmen des elterlichen Versuches zufällt, ihren eigenen Konflikt zu bewältigen«.[9]

Die möglichen Folgen für die Persönlichkeitsentwicklung beschreibt die Psychotherapeutin Bärbel Wardetzki so: »Aus der emotionalen Ausbeutung resultieren folgenschwere Introjekte. Sie haben hauptsächlich Verbote zum Inhalt, die das Kind und den Erwachsenen davon abhalten, eigenständig zu fühlen und zu handeln, ihren Gefühlen und Wahrnehmungen zu trauen sowie der Zuwendung anderer Menschen zu vertrauen. Die Ausbeutung hat eine tiefe Verunsicherung über die eigene Person und andere Menschen zur Folge. Weder können die Personen einschätzen, was ihnen wichtig ist, ihnen gut tut und was sie wollen, noch gelingt es ihnen, andere Menschen einzuschätzen. Sie fühlen sich oft durch Zuwendung manipuliert, haben aber auch massive Angst, verlassen oder zurückgewiesen zu werden. Des Weiteren beziehen sie häufig alles auf sich, fühlen sich für alles verantwortlich, schämen sich schnell und sind der Überzeugung, an allem schuld zu sein. (...) Die Betroffenen entwickeln die Überzeugung, dass hauptsächlich die anderen ihr Leben kontrollieren und nicht sie. So entsteht der Eindruck, dass sie als Mensch keine Wirkung, keinen Einfluss haben, was zu einem Selbstbild als Opfer führt.«[10]

Diese Charakterisierung mag zunächst so unheilvoll erscheinen, dass man sich wundert, woher die Betroffenen noch die Kraft nehmen, morgens aus dem Bett zu finden. Kein Fall, mit dem man sich leicht identifizieren kann. Seelische Schädigungen halten Menschen jedoch nicht davon ab, nach außen einwandfrei zu funktionieren, ihr Leben in normale Bahnen zu lenken und daher auch selbst von der eigenen Normalität überzeugt zu sein. Zum anderen steht uns bei der Beschreibung von Seelenzuständen ausgerechnet die Sprache im Weg, die naturgemäß mit »harten«, plakativen Begriffen operiert, was die Darstellung der vielen »weichen«, vagen, diffusen und unbewusst »abgeschobenen« Gefühlswallungen, die Menschen als Resultat der Schädigungen heimsuchen, überzeichnet erscheinen lässt. Wer dazu angeregt wird, aufmerksam in sich hineinzuhören und den zahlreichen widerstreitenden, unangenehmen und bedrückenden Gefühlen wieder mehr Aufmerksamkeit zu widmen, kann oftmals deutliche Anklänge an die oben geschilderten Auswirkungen emotionaler Ausbeutung vernehmen. Manchmal gelingt dies jedoch erst im Schutz therapeutischer Begleitung, und häufig braucht diese Erkenntnis ihre Zeit.

Systeme der Verstrickung

Nicht nur die kindliche Persönlichkeitsentwicklung, auch die Beziehung zwischen Kind und Eltern wird von der unbewussten elterlichen Einstellung entscheidend beeinflusst, das Kind als Fortsetzung des eigenen Selbst zu betrachten. Als Erfüllungsgehilfe des Elternschicksals muss das Kind seine eigenen Autonomiebestrebungen einschränken und bleibt oftmals lebenslang psychisch an die Eltern gebunden. Zwar ist das kleine Kind den Wünschen und Forderungen der Eltern noch hilflos ausgeliefert, doch erwachen während der Adoleszenz, also im Alter von etwa 12 bis 18 Jahren, starke Ablösungs- und Individualisierungskräfte. Im inneren Entwicklungsprogramm des Menschen geht es jetzt um die Ausbildung verschiedener seelisch-geistiger Qualitäten wie sozial verantwortliches Handeln, die Aufnahme neuer und reiferer Beziehungen zu Altersgenossen und die emotionale Unabhängigkeit von den Eltern. Ein zur Lösung elterlicher Konflikte abkommandiertes Kind darf nicht flügge werden und davonfliegen, denn es wird quasi als unveräußerlicher Besitz betrachtet, der als Kind wie als Erwachsener auf sehr vielfältige Weise zur Heilung der seelischen Wunden seiner Eltern herangezogen wird.

Die Entwicklung einer symmetrischen Beziehung »auf gleicher Augenhöhe« wird dadurch vereitelt. Die Kinder haben oft nur die Wahl, sich zu unterwerfen und dadurch immer wieder gegen ihr Grundbedürfnis nach Autonomie zu handeln, das sich nicht leicht geschlagen gibt und mit

Demütigungs- und Ohnmachtsgefühlen und letztlich erfolglosem Aufbegehren nach Beachtung ruft. Oder zu rebellieren und dadurch in einen endlosen Machtkampf um Anerkennung als eigenständiges Individuum zu geraten, das sich ohne Einsicht in die Zusammenhänge nicht wirklich befreien kann, selbst wenn die Lösung in einem Abbruch der Beziehung gesucht wird. Solange das System der Verstrickung, in dem Eltern und Kinder gefangen sind, nicht durchschaut wird, bleiben Ablösung und Aussöhnung sehr oft außer Reichweite. Besonders tragisch ist dabei, dass die manchmal gnadenlosen Kämpfe um Besitz und Befreiung von einem tiefen Verlangen nach »guten« Kindern und »guten« Eltern begleitet sind und dass sich beide Parteien oft im ehrlichen Wollen, dem anderen eben dieses zu sein, mit abgründigem Unverständnis gegenüberstehen. »Anstatt sich gegenseitig anzuerkennen, disqualifizieren die Partner einander, und die Möglichkeiten für eine wirkliche Konfrontation und Versöhnung fehlen oder schränken sich stark ein.«[11]

Im Folgenden sollen einige solcher Systeme dargestellt werden, die mit emotionaler Ausbeutung einhergehen und für viele Konfliktherde im Eltern-Kind-Verhältnis verantwortlich sind. In einer Familie können sowohl mehrere Formen auftreten und sich vermischen als auch in unterschiedlicher Form und Ausprägung auf verschiedene Kinder gerichtet sein. Je intensiver Eltern unter ihren eigenen ungelösten Konflikten und Minderwertigkeitsgefühlen leiden, umso größer die Gefahr, dass sie ihre Kinder unbewusst zur seelischen Entlastung heranziehen und sie in eine bestimmte Rolle hineinzwingen. Je starrer das Konzept dieser Rolle ist, umso größer wird auch die Belastung für das Kind.

In diesem häufig anzutreffenden System geht es darum, dass das Kind von den Eltern mit einer Mission, einem Auftrag betraut wird. Es soll bestimmte Eigenschaften entwickeln und Leistungen erbringen. Die Inhalte dieser Aufträge sind sehr unterschiedlich und sie können von großen Loyalitätskonflikten begleitet sein, wenn beide Eltern das Kind mit verschiedenen, sogar widerstreitenden Aufträgen versehen.

Das unerreichte Ideal erfüllen

Alle Eltern haben Vorstellungen davon, wie ihr Kind werden und durchs Leben gehen soll, und solange es diesen Erwartungen aus sich heraus entspricht, kann auch das Kind daraus Selbstachtung und innere Sicherheit gewinnen. Zu Konflikten kommt es jedoch, wenn das Kind von den Aufträgen überfordert wird und die Eltern nicht in der Lage sind, die Individualität ihres Kindes zu respektieren.

Ein Vater, der in seiner Jugend eine viel versprechende Zukunft als Stürmer in der Fußballmannschaft nach einer Verletzung aufgeben musste, wird diesen Verzicht vielleicht dadurch ausgleichen wollen, dass er seinen Sohn im örtlichen Verein anmeldet, beim Training anfeuernd am Spielfeldrand steht und am Wochenende die Auswärtsspiele begleitet. Erweist sich das Kind als zu wenig kämpferisch und talentiert, hagelt es bald Kritik und vernichtende Kommentare. »Durchhalten und weitermachen« heißt womöglich die Parole. »Der Junge muss einfach härter werden.« Eltern, die auf diese Weise an ihren Vorstellungen festhalten, machen das Schicksal ihres Kindes zu ihrem eigenen und muten ihm zu, die elterliche Unzufriedenheit über unerreichte Ziele und unverwirklichte Träume aufzulösen. Hier geht es um die Befriedigung unbewusster, narzisstischer Bedürfnisse der

Eltern, die meist im engen Zusammenhang mit einer Selbstwertproblematik stehen und dem Kind nicht selten sogar Lebensaufträge aufbürden: wenn es nicht nur Fußball spielen, sondern Mitglied der Nationalelf sein soll. Oder eine blendende Erscheinung auf gesellschaftlichem Parkett. Oder ein erfolgreicher Geschäftsmann, eine dekorierte Wissenschaftlerin, ein exzentrischer Künstler oder überhaupt irgendetwas, das durch besondere Leistung, Rang und Namen die Versagungen und das – vermeintliche oder tatsächliche – Versagen im Leben der Eltern ausgleichen soll.

Ein Kind, das diesen Ansprüchen genügt, kann dadurch die Eltern von drückenden Schuld- und Minderwertigkeitsgefühlen entlasten – oft unter enormen Entbehrungen und einem Verzicht auf Selbstbestimmung. Scheitert das Kind, ist es diesen Gefühlen selbst ausgeliefert. Je umfassender und perfektionistischer die Ansprüche der Eltern an das Kind sind, desto mehr Bereiche des möglichen Scheiterns tun sich auf. Zunächst oftmals in seinen Möglichkeiten heillos überschätzt, kann es nun zum »Sündenbock« und zum Gegenstand fortgesetzter Kritik und Vorwürfe werden.

Die Schattenseite der Eltern leben

Eine Mission kann auch darin bestehen, dass ein Kind die vom Elternteil bei sich als schlecht oder verwerflich empfundenen Persönlichkeitsanteile auslebt. Die verleugneten Eigenschaften – etwa Ängstlichkeit oder Schüchternheit, Unredlichkeit, oft auch verleugnete Sexualität – werden im Kind entdeckt, ja vielfach erst durch das elterliche Verhalten provoziert und können dann an ihm bekämpft und bestraft werden – eine weitere »Sündenbock«-Version. Das Kind nimmt den Eltern gewissermaßen die negativen Seiten ab, die sie bei sich selbst nicht sehen möchten, und muss gleichzeitig als Objekt der elterlichen Selbstbestrafungstendenzen herhalten. Es kommt vor, dass sich die »schlechten« Eigenschaften mehrerer Familienmitglieder auf ein Kind konzentrieren, das dann die Funktion des »schwarzen Schafes« erfüllt und die anderen dadurch seelisch entlastet – sie sind die »Guten«, »Tugendhaften«, die im Gegensatz zum schwarzen Schaf keine Probleme haben.

Kinder, die die negativen Seiten ihrer Eltern verkörpern, brechen häufig die Beziehung zur Herkunftsfamilie ab – und bleiben dennoch an sie gebunden, weil die negativen Zuweisungen unbewusst weiterwirken und die Beziehung zu den Eltern unaufgearbeitet bleibt: Einst als Versager auf verschiedenen Gebieten »entlarvt«, wollen ihnen Partnerschaften, berufliche Erfolge oder das »Wurzelnschlagen« an einem anderen Ort oft nicht gelingen, selbst wenn die Herkunftsfamilie aus den Gedanken verbannt wurde.

»Werde wie ich«

Nicht selten sollen Kinder auch eine genaue Kopie des elterlichen Selbstbildes herstellen, indem sie ungeachtet ihrer Neigungen denselben Beruf ergreifen oder in den elterlichen Betrieb einsteigen, dieselben Meinungen und Vorlieben übernehmen, Mitglied derselben Vereine und Parteien werden, dieselben Personen oder gesellschaftlichen Gruppen ablehnen, wenn nicht bekämpfen sollen usf. Ein »eigener Kopf« des Kindes kann dann leicht zur Quelle von Dauerkonflikten werden, weil die Eltern das »Einander-gleich-Sein« zur äußeren Bestätigung ihres Selbstwertes brauchen und deshalb zum entscheidenden Maßstab einer positiven Beziehung auserkoren haben. Abweichende Einstellungen und Lebensentscheidungen des Kindes werden oftmals als Aufkündigung der Loyalität betrachtet. Auf das Kind wird starker Druck ausgeübt, sowie es sich von den vorgegebenen, einzig »guten« und »richtigen« Ansichten, Verhaltensweisen, sozialen Kontakten, beruflichen und privaten Neigungen usf. entfernt und es wagt, sich abzugrenzen und seine Individualität durchzusetzen.

Das Kind als Ersatz für einen anderen

Die Nacherfüllung von entgangener Elternliebe, Anerkennung und Bestätigung ist eine unbewusste Forderung an Kinder, die in vielen Systemen eine wichtige Rolle spielt. Ebenso können aber auch Enttäuschung und Wut, die sich auf die Eltern der Eltern beziehen, auf das Kind übertragen werden. Das Kind erinnert in Eigenschaften oder im Verhalten unbewusst an die Elternfiguren und zieht dadurch Zorn oder Rachegefühle auf sich, die eigentlich den Eltern gelten. In anderen Fällen wird die Ablehnung der eigenen Eltern in das Kind hineininterpretiert, wenn es das Übermaß an Liebeswünschen und andere Erwartungen nicht erfüllt: Der Elternteil erwartet unbewusst von vornherein, dass das Kind ihn genauso zurückstoßen werde wie früher die eigene Mutter, der eigene Vater. Auch wenn ein Elternteil früh die eigenen Eltern verloren hat, kann es geschehen, dass die Ablösung seiner heranwachsenden Kinder diesen zum Vorwurf gemacht wird: Sie wiederholen damit für den Elternteil, was ihm die eigenen Eltern damals angetan haben, als sie ihn so früh verließen.

Vergleichbare Situationen entstehen, wenn in der Beziehung zum Kind unglückliche Partnerschaften aufleben oder ein Rivalitätskonflikt mit einem Geschwister der Eltern ausgetragen wird. Das eigene Kind wird dann etwa zum Stellvertreter des hübscheren, klügeren, liebenswürdigeren oder bevorzugten Geschwisterkindes und dadurch zum Objekt von Eifersucht, Neid und Vergeltung. Ein Dauerkonflikt kann zum Beispiel daraus entstehen, dass das gleichgeschlechtliche Kind nicht die Liebe des einen Elternteils zum anderen teilen darf, weil es als Rivale erlebt wird.[12]

Symbiotische Bindung

In diesem System, das in mehr oder minder stark ausgeprägter Form häufig zu finden ist, wird die Loyalitätsbereitschaft von Kindern besonders ausgenutzt. Das Kind darf sich emotional nicht von den Eltern lösen und sich anderen Menschen zuwenden. Je stärker dieses Gebot wirksam ist, desto mehr wächst bei den Kindern die Angst, sich von den Eltern zu entfernen, und die »Ausbruchsschuld«, wenn sie es trotzdem tun – denn Ablösung erhält hier leicht die Bedeutung von »Verrat«, was mit heftigen Kränkungsreaktionen seitens der Eltern und Manipulationen, die Kinder wieder »auf Kurs« zu bringen, verbunden sein kann.

Symbiotische Gemeinschaften kennzeichnet ein gemeinsamer Nutzen, und der Gewinn für das Kind besteht in einer großen elterlichen Fürsorge, Verwöhnung und Unterstützung, die es einerseits nicht ungern annimmt, die es andererseits aber davon abhalten, sich auf eigene Füße zu stellen und seine so sehr engagierten, »guten« Eltern durch Unabhängigkeit und Abgrenzung zu verletzen. Auf Seiten der Eltern besteht der Gewinn darin, durch ein fortwährend abhängiges Kind Bestätigung zu erhalten, sich als großzügig und fürsorglich zu erleben, wichtig und bedeutsam zu sein. Oft werden damit auch Versagungen wie fehlende Liebe und Anerkennung kompensiert, die ein Elternteil in seiner Kindheit erleiden musste. Auch die Ängste von Eltern, mit dem Selbstständigwerden der Kinder zu vereinsamen und ihr Leben neu strukturieren zu müssen, können hier eine wichtige Rolle spielen. Aus der Verwöhnungsfalle entkommen Kinder oftmals auch als längst Erwachsene nicht: Mutter wäscht immer noch die Wäsche oder stellt zumindest die Waschmaschine zur Verfügung, kauft ein und kümmert sich bei Abwesenheit um die Wohnung, putzt und organisiert für das Kind, das sich manchmal nur zu wechselnden »Lebensabschnittspartnern« oder Wochenendbeziehungen bekennen mag. Wird mit einem festen Partner eine Familie gegründet, bestehen beim erwachsenen Kind oft Hemmungen, den Eltern die ständigen »gut gemeinten« Einmischungen in die eigenen Familienangelegenheiten zu untersagen oder unerbetene »Wohltaten« abzulehnen. Schuldgefühle wechseln sich deshalb oft ab mit tiefer Frustration und halbherzigen Emanzipationsversuchen.

Manchmal unterliegt der Konflikt auch so großer Verdrängung, dass die Grenzverletzungen und Besitzansprüche der Eltern – im Dialog mit sich selbst oder gegenüber Dritten – stets verteidigt oder verharmlost werden, was wiederum Partnerschaftskonflikte heraufbeschwören kann und die Position der vereinnahmenden Eltern stärkt.

Parentifizierung

Bei der Parentifizierung geht es ebenfalls um übertriebene Fürsorge, doch hier ist es das Kind, das, häufig bereits in frühen Jahren, Elternfunktion für Vater oder Mutter übernommen hat. Schwere chronische Krankheiten, Depressionen oder Suchterkrankungen, aber auch eine allgemeine Lebensängstlichkeit und Unfähigkeit der Eltern, für sich Verantwortung zu übernehmen, können der Grund für diesen Rollentausch sein.

Sehr oft lassen sich in der Biografie der Eltern seelische Entbehrungen ausmachen, die das Kind durch übergroße Fürsorge ausgleichen soll. Aus Angst, die Eltern zu verlieren, übernehmen diese Kinder für sie die Verantwortung, räumen ihnen Probleme aus dem Weg, machen sich ihre Sorgen und Klagen zu Eigen, spenden Trost – und ertragen auch die Gewalttätigkeit, die vielfach Teil dieser Konstellation ist. Die mit der Übernahme der Elternrolle verbundene Selbstaufopferung »kann so weit gehen, dass sie sich als Objekt, als ›Zielscheibe‹ für Missbrauch und Misshandlung anbieten, damit die Eltern ihre Aggression nicht auf sich selbst, auf jüngere Geschwister oder auf den anderen Elternteil richten«, so der Arzt und Psychologe Victor Chu.[13]

Hier lautet der Auftrag, die Eltern zu beschützen und sie nicht zu verlassen, selbst dann nicht, wenn von ihnen Lieblosigkeit und Gewalt ausgehen. Diesem Auftrag wird manchmal unter Verzicht auf ein eigenes Leben Folge geleistet, bis die Eltern gestorben sind. Versuche des Kindes, sich aus der überfordernden Rolle als Lebenshelfer der Eltern zu lösen, können große Enttäuschungswut bei den Eltern auslösen. Sie sind nun wieder mit der eigenen Lebensuntüchtigkeit oder Bedürftigkeit konfrontiert, die das Kind ausgleichen sollte. »Ich hab doch nur dich« kann ein extrem bindender Lebensauftrag sein. Victor Chu merkt an, dass parentifizierte Kinder darauf ausgerichtet sind, später auch anderen Menschen – den eigenen Kindern und Partnern, Freunden oder Kollegen – ständig zu helfen. »Untergründig hegt man jedoch einen Groll gegen die anderen, weil man ständig gibt, aber nur selten etwas zurückbekommt. Diese Aggression lässt man den anderen indirekt spüren, indem man zum Beispiel ständig klagt.«[14] Und insgeheim erwartet man, dass andere – die eigenen Kinder! – die entgangene Fürsorge ersetzen: Der Kreislauf dreht sich weiter.

Im täglichen Miteinander erleben alle Eltern und Kinder Phasen von größerer Nähe und Distanz, von Harmonie und Disharmonie. Im Mittelpunkt dieses Abschnittes stehen indessen Kinder, deren Existenz von einer ablehnenden Grundhaltung der Eltern überschattet wird. Abgelehnte Kinder haben ein besonders dramatisches Schicksal zu bewältigen: Können andere Kinder mit einer konfliktreichen Elternbeziehung darin immerhin auch ihre Bedeutung und die – wenngleich ambivalente oder deformierte – elterliche Liebe spüren, so stehen abgelehnte Kinder oft am Abgrund unüberwindlicher Distanz und verzehren sich nicht selten ihr Leben lang nach Signalen der Anerkennung von Vater oder Mutter. Untersuchungen zeigen, dass in der Erziehung ablehnender Väter und Mütter Gereiztheit, überkritische Strenge, Überforderungen und Bestrafungen dominieren. Oder das Kind wird einem Vakuum aus Interesselosigkeit und emotionaler Kälte überlassen.

Offen abgelehnte Kinder entwickeln häufig ein ausgeprägt aggressives Verhalten, das in der Familie eine Spirale gegenseitiger Aggression in Gang setzt. Sie sind stark gefährdet, ein negatives Selbstbild zu entwickeln und schließlich auch in ihrem Verhalten dem verzerrten Bild zu entsprechen, das die Eltern durch ihre Brille der Ablehnung von ihnen entworfen haben.

Das starke Tabu, die eigenen Kinder nicht zu lieben, veranlasst Eltern aber auch dazu, Ablehnungs-und Schuldgefühle hinter einer Fassade überbehütender Sorge zu verbergen. Kinder spüren die ablehnende Grundhaltung jedoch unbewusst; sie zeigen sich dann oft auffällig gehorsam und eingeschüchtert, sind ängstlich und fürchten ständig, auch das Wenige an echter Annahme zu verlieren. Verhaltens-,

Lern- und Essstörungen, psychosomatische und psychische Erkrankungen können die Folge sein, durch die sich die ablehnende Haltung der Eltern oftmals noch verstärkt.

Die Ablehnung eines Kindes kann die ganze Person erfassen, die ausschließlich negativ gesehen wird oder einer umfassenden Gleichgültigkeit ausgesetzt ist. Sie kann sich aber auch nur auf einzelne Züge oder Eigenschaften beziehen, sodass eine Grundhaltung entsteht, in der sich Zustimmung mit Ablehnung mischt. Eine geringe Belastbarkeit der Eltern (das Kind wird als schwierig empfunden) oder unerfüllbare Erwartungen (das Kind hat das »falsche« Geschlecht, entwickelt sich anders als gewünscht) können ebenso Ablehnung auslösen wie die Lebenssituation der Eltern zur Zeit der Geburt des Kindes, wenn die Mutter jung oder allein stehend ist, ihre Partnerschaft in einer Krise steckt oder das Kind für eine andere Erschwernis der Lebensumstände (unbewusst) verantwortlich gemacht wird. Abgelehnte Kinder sind – wie auch die »schwarzen Schafe« – einer starken »Ausstoßung« ausgesetzt, die sie früh das Elternhaus verlassen und/oder die Beziehung zur Herkunftsfamilie abbrechen lässt, manchmal ohne draußen in der Welt jemals richtig heimisch zu werden. Die Haltung der Eltern kann sich aber durchaus positiv und annehmend entwickeln, wenn sich die Wahrnehmung gegenüber dem abgelehnten Kind verändert – etwa, weil es in Schule oder Beruf sehr erfolgreich ist. Für die Kinder hat sich dann aber wahrscheinlich schon die Erfahrung von Ablehnung und Zurückweisung als innere Überzeugung verfestigt.

In jedem Fall ist es für abgelehnte Kinder außerordentlich wichtig, die negativen Introjekte zu verändern und sich ein Bewusstsein ihres eigenen Wertes zu erarbeiten.

Wie partnerschaftlich und harmonisch sich die Beziehung der Eltern gestaltet oder wie enttäuscht, lieblos und unversöhnlich Mann und Frau sich gegenüberstehen, hat große Auswirkungen auf das Eltern-Kind-Verhältnis. Ist die Verbindung unglücklich, werden die Kinder oft herangezogen, das fehlende partnerschaftliche Glück zu ersetzen. Durch ihre Liebe und enge Verbundenheit sollen sie kitten, was in der Partnerschaft aus den Fugen geraten ist. Auch hier lassen sich ganz unterschiedliche Aufträge ausmachen, mit denen Kinder zur Bewältigung einer konfliktreichen oder innerlich aufgekündigten Beziehung der Eltern herangezogen werden.

Das Kind als Bundesgenosse

Eine der wohl alltäglichsten Formen besteht darin, das Kind gegen den Partner als Bundesgenossen zu gewinnen: Die Kinder werden mehr oder weniger offen aufgefordert, den anderen Elternteil abzuwerten, zu beschuldigen, bloßzustellen, zu ignorieren. Manchmal werden Kinder über Jahre wechselseitig von beiden Eltern als Instrument der Verletzung und Vergeltung gegen den Partner eingesetzt: Was der eine verbietet, wird vom anderen erlaubt, das Kind wird über den anderen Partner ausgehorcht, darf Unternehmungen mit ihm nicht genießen, wird zu übler Nachrede über ihn und zu Auseinandersetzungen mit ihm ermutigt und vieles mehr. Das Kind ist für die Eltern nur ein »gutes« Kind, solange es in der Frontstellung gegen den anderen Elternteil bleibt.

Kommt es zur Trennung, eskalieren die einseitigen Loyalitätsverpflichtungen womöglich noch, wenn ein Elternteil versucht, das Kind dem Einfluss des anderen Elternteils zu entziehen. Zwar ist in den letzten Jahren eine deutliche Tendenz zu erkennen, Kinder aus elterlichen Trennungskonflikten herauszuhalten. Viele heute erwachsene Scheidungskinder werden jedoch noch über einschlägige Erfahrungen als Bundesgenosse verfügen. Sie durften ein wichtiges Anliegen, nämlich beiden Eltern gegenüber loyal zu sein, nicht wahrnehmen und wurden dazu angehalten, ihre Eltern oder einen Elternteil nicht zu achten. Dies kann dazu führen, dass ein Kind auch im Erwachsenenleben keine guten Beziehungen zu diesem Elternteil unterhalten kann.

Das Kind als Partnerersatz

Auch Partnerschaftserwartungen an ein Kind können es in eine Dreieckskonstellation mit schwerwiegenden Folgen einbinden. Hat eine lieblose oder vergiftete Atmosphäre in einer Ehe Einzug gehalten, kann es geschehen, dass ein Partner sich in seiner Enttäuschung dem gegengeschlechtlichen heranwachsenden Kind mit besonderem Interesse zuwendet:

Der Vater verbringt seine Freizeit jetzt am liebsten mit der Tochter, lädt sie ein, nimmt sie zu spannenden Unternehmungen oder auf Reisen mit, macht sie zu seiner Vertrauten. Die Tochter fühlt sich auf diese Weise besonders ausgezeichnet, doch zugleich wird die Generationsgrenze verwischt und die Mutter subtil abgewertet: Das Kind wird zunehmend in eine Position gehoben, die eigentlich der Mutter zusteht. In der Folge entsteht zwischen Vater und Tochter eine ödipale Bindung, die das Kind zu einem Zeitpunkt an den Vater fesselt, wo es eigentlich die Kontakte zu Gleichaltrigen intensivieren sollte. Diese problematische Bindung kann sich über viele Jahre negativ auf die Elternbeziehungen als auch auf die Gestaltung eigener Partnerschaften auswirken.

Ähnlich entwickelt sich eine ödipale Beziehung zwischen Mutter und Sohn, wenn dieser mit Aufgaben betraut und Ansprüchen versehen wird, die zur Partnerrolle gehören, und der Vater vielleicht noch als Dummkopf oder Grobian hingestellt wird. Auch allein stehende Mütter sehen in ihren Söhnen manchmal einen Partnerersatz und verhindern so eine entwicklungsgemäße Lösung und unbefangene Orientierung des jungen Mannes zu gleichaltrigen Frauen.

Das Kind als Ersatzobjekt verdeckter Beziehungsprobleme

Eine andere problematische Dreieckskonstellation kann darin liegen, dass ein Kind unentwegt Schwierigkeiten »anliefern« muss, um von Partnerschaftskonflikten der Eltern abzulenken. Die verdrängten oder verdeckten Beziehungsprobleme der Eltern werden in diesem Fall auf dem Rücken des Kindes ausgetragen (»Du hast Schuld, dass der Junge stiehlt, wegläuft, sitzen bleibt!«) oder geraten durch die Schwierigkeiten des Kindes bequem aus dem Blickfeld, weil der Fokus der Eltern auf das Kind und seine Probleme, Krankheiten oder Verhaltensstörungen gerichtet ist. Die Feinfühligkeit von Kindern und ihre Bereitschaft, die Eltern zu entlasten, spielen auch hier eine wichtige Rolle.

Das Kind als Vermittler und Retter

Schließlich können Kinder in die Funktion des Vermittlers ewig zerstrittener, gegeneinander kämpfender Eltern oder des Helfers eines schwachen, den Attacken des Partners ausgesetzten Elternteils hineingeraten – eine enorm überfordernde Rolle, die von ständiger Angst vor dem nächsten Ehekrach und davor, die Eltern durch Gewalttätigkeit oder Trennung zu verlieren, begleitet sein kann. In allen in diesem Abschnitt aufgeführten Fällen werden die Kinder außerdem um die Erfahrung einer tragfähigen Partnerschaftsbeziehung gebracht, weil ihnen die Eltern dies nicht vorleben. Das Fehlen sowohl von gegenseitiger Achtung und Wertschätzung, einer ehrlichen, direkten Kommunikation als auch des konstruktiven Austragens von Konflikten kann sich wiederum in ihren eigenen Partnerschaftsbeziehungen negativ auswirken.

Familienregeln

Menschliches Zusammenleben funktioniert nur mit Hilfe von Regeln, und in jeder Familie lässt sich eine Vielzahl von internen Abmachungen finden, die das Miteinander strukturieren und ordnen. Dieses Regelwerk ist hilfreich, wenn die einzelnen Vorschriften allen bekannt und bewusst sind, offen thematisiert und gemeinsam verändert werden können. Dürfen Regeln kaum verhandelt, verändert oder hinterfragt werden und zwingen sie die Familienmitglieder in strikt zu befolgende Normen hinein, führen sie zu innerem Druck und emotionaler Selbstzensur.

Tabuisierte Themen

Besonders problematisch sind Regeln, die den Familienmitgliedern kaum bewusst sind und als »ungeschriebene Gesetze« eine unsichtbare Kraft entfalten, die sowohl auf das Zusammenleben als auch auf die Persönlichkeit der Einzelnen großen Einfluss haben können. Eine Regel kann etwa darin bestehen, dass über bestimmte Dinge nicht gesprochen werden darf, weil das jeweilige Thema bei anderen unangenehme Gefühle hervorruft. Die Behinderung oder peinliche Eigenart eines Familienangehörigen, dunkle, scham- oder schuldbehaftete Punkte in seiner Vergangenheit wie eine uneheliche Geburt, beruflicher Misserfolg oder Enterbung, die Verwicklung in Unglücksfälle oder Familienfehden, aber auch Themen wie Umgang mit Geld oder Sexualität, dies alles sind Beispiele für tabuisierte Wahrheiten, die gerade durch das Gebot der Ausblendung wie ein Schatten über dem Familienleben liegen. Für Kinder können tabuisierte

Themen mit einer großen Verunsicherung einhergehen, die sie beängstigenden Fantasien aussetzt und ihnen Ungeborgenheit vermittelt.

Manchmal darf nach dem Tod eines Kindes oder eines Elternteils der Verstorbene nicht mehr erwähnt werden und es wird so getan, als habe er nie existiert. Dies kann vor allem für Kinder dramatische Folgen haben, weil der Verlust nicht verarbeitet, die Trauer nicht bewältigt werden kann.

Pseudoharmonie und Pseudofeindschaft

Ein anderes ungeschriebenes Gesetz kann darin bestehen, dass in einer Familie stets alles harmonisch zugehen muss und alle sich immer von Herzen zugetan sein müssen. Eine freie Meinungsäußerung, die Kontroversen nach sich ziehen könnte, ist nicht erlaubt; Wut und Ärger, Eifersucht und Feindseligkeit dürfen nicht ausgedrückt werden. Für die einzelnen Familienmitglieder gibt es kaum die Möglichkeit, sich voneinander abzugrenzen, auf Distanz zu gehen und zu lernen, mit Konfrontationen umzugehen, Probleme zu klären und zu überwinden.

Auch das genaue Gegenteil ist möglich: »Hier ist der ständige Streit, die konstante Disharmonie das auffälligste, alles überschattende Merkmal. Wir finden ein immer währendes Hin und Her von Anklagen und Gegenanklagen, von Drohung und Beleidigtsein.«[15] In diesem Fall sind es vor allem zärtliche und freundliche Gefühle und Erfahrungen, die aus dem Familienleben ausgeschlossen sind, weil sie als Zeichen von Schwäche und Verweichlichung negativ gewertet werden. Das positive Austragen von Konflikten durch die Phasen Konfrontation, Einigungssuche und Herstellung neuer Nähe kann unter dem Diktat dieser Familienregel ebenso wenig gelingen wie bei der Pseudoharmonie.

Härte, Perfektion, Altruismus und Loyalität

Mitunter besteht das Verbot, die anderen Familienmitglieder mit Kummer und Sorgen zu behelligen. Alle Prüfungen des Lebens müssen aus eigener Kraft als Einzelkämpfer durchgestanden werden. Wer traurig und verzagt ist, wird schnell zum »Jammerlappen« und muss mit Verachtung rechnen. In anderen Familien wird das Streben nach Perfektion zum obersten Gebot erhoben; Fehler, Misserfolge und durchschnittliche Leistungen sind hier schlimme Ereignisse. Oder es gilt die Regel, dass man eigene Bedürfnisse stets hinter diejenigen der anderen zu stellen hat. »Wer gibt, dem wird gegeben werden«, lautet die fatale Devise, die zur Unterdrückung aller Neigungen, die den anderen unbequem sein könnten, auffordert und das Äußern – oder gar Durchsetzen – von eigenen Bedürfnissen als egoistisch verdammt.

In manchen Familien darf nichts über die Ereignisse in der Familie nach außen getragen werden. Eltern und Kinder bilden eine verschworene Gemeinschaft. Was bei ihnen geschieht, geht niemanden etwas an. Diese »Wagenburg-Mentalität« macht es außerordentlich schwierig, sich mit Dritten über familiäre Zustände auszutauschen und dadurch zu neuen Erkenntnissen und Sichtweisen zu gelangen. Ein solch übersteigertes Loyalitätsgebot weckt oftmals Ängste, die Liebe der Eltern zu verlieren, wenn man sich bei anderen kritisch über sie äußert, und kann darin gipfeln, dass man sogar sich selbst jede »distanzierte« Wahrnehmung ihrer Person verbietet.

Striktes Entweder-oder-Denken

Untersuchungen zeigen, dass diese – zum Teil auch sehr indirekt vermittelten – Familienregeln oft als Vermächtnis über Generationen weitergegeben werden. Unter dem Einfluss solcher ungeschriebenen Gesetze entwickelt sich häufig ein striktes Entweder-oder-Denken, das keinen Raum für Zwischentöne und ein Sowohl-als-auch lässt: Entweder man ist perfekt – oder ein völliger Versager, entweder stark – oder ein Schwächling, entweder loyal – oder ein Verräter. Die einzelnen Familienmitglieder sind dadurch einem extremen Anpassungsdruck ausgesetzt und es überrascht nicht, dass in diesen Familien besonders viele psychosomatische Erkrankungen auftreten.[16]

Einer Lösung von Konflikten stehen solche Regeln im Weg, weil sie Offenheit, Verständnis, ein gegenseitiges Akzeptieren, ein Miteinander-Arrangieren und Sich-Versöhnen sehr erschweren. Sie zwingen die Familienmitglieder stattdessen in ein starres Verhaltens-und Erwartungsschema hinein, das oft Schuldgefühle auslöst und zu strenger Selbstkontrolle nötigt. Hinter dem Diktat von einschnürenden Familienregeln verbergen sich meistens eine große elterliche Selbstunsicherheit und ein gravierendes Unvermögen, mit bestimmten Gefühlen wie Distanz, Versagen und Unzulänglichkeit oder Trauer umzugehen – sehr oft deshalb, weil sie Ängste, etwa Verlassenheitsangst, auslösen.

Erst wenn man sich dieser Regeln und ihrer destruktiven Macht bewusst wird, kann man sich ihrem Einfluss entziehen, die enthaltenen Wertungen verändern, neue Flexibilität im Umgang mit sich und anderen gewinnen – und verhindern, dass man selbst die Familienregeln wieder an die nächste Generation weitergibt. Gegenüber der eigenen Herkunftsfamilie ist allerdings davon auszugehen, dass für ihre Mitglieder, vor allem für die Eltern, die Familienregeln weiter gültig und notwendig bleiben, weil sie eine seelische Stütze darstellen, auf die vielfach nicht verzichtet werden kann.

Ingeborg (65): »Wirklich verzeihen kann ich ihr nicht«

Meine Mutter stammt aus einer sehr gut situierten Mittelstandsfamilie. Die drei Töchter besuchten die höhere Schule und es hieß immer, dass sie ohne jegliche Schläge erzogen wurden. Nur mit den Augen hat meine Großmutter das gemacht. Ich betone das, weil zwei ihrer Töchter die größten Schlägerinnen geworden sind, die Jüngste und meine Mutter, die Älteste. Ich war ihr einziges Kind und sie hat wie verrückt auf mich eingeschlagen. Der Kochlöffel war ihr Hauptwerkzeug, damit schlug sie mich, wenn ich die Vokabeln nicht gleich wusste oder mir etwas kaputtgegangen war. In der Schule hat es mich immer gefreut, wenn ich in meinen Lieblingsfächern besonders gut war. Kam ich mit einer Zwei plus nach Hause, dann hieß es bei ihr aber, warum ist es keine Eins. Was ich auch machte, für sie zählte es alles nicht.

Sie wollte mich nicht quälen, aber sie dachte wohl, wenn man ein Kind lobt, leistet es nichts mehr. Und wenn man es schlägt, behält es die Dinge besser. Aber dass man vor lauter Angst nichts behalten kann, hat sie nie begriffen. Sie war sehr launisch und oft wusste ich gar nicht, warum sie mich schlug. Manchmal, wenn sie gut gelaunt war, hat sie mich zum Lachen gebracht und ich war überglücklich, dass sie mal witzig war. Wenn ich dann zu lange lachte, sah ich schon an ihrem Gesicht, dass es ihr reichte. Aber ich konnte nicht mehr aufhören, ich lachte wie hysterisch, bis sie mich wieder verprügelte. Da konnte ich dann heulen. Mein leiblicher Vater spielte keine Rolle in meinem Leben. Er war Soldat, und weil er nach seiner Heimkehr so viel fremdging, hat sich meine Mutter von ihm getrennt. Ich war sechs Jahre alt, als der Mann ins Spiel kam, den ich meinen Vater nenne, und er war genau das Gegenteil von meiner Mutter. Wir haben uns prima verstanden, wir haben Spaziergänge gemacht, haben »Faust« in verschiedenen

Rollen gelesen und zusammen musiziert – er spielte Cello, und ich hatte Klavierunterricht, denn ich sollte Pianistin werden. Er war der beste Vater, den man sich wünschen kann, und als meine Eltern heirateten, adoptierte er mich. Aber er mischte sich kaum in die Erziehung meiner Mutter ein, die mich weiterhin schlug. Als ich 13 war, starb meine Mutter überraschend an Herzversagen. Im ersten Moment war das ein Schock, aber ich kann nicht sagen, dass ich furchtbar traurig war. Es war spannend und schrecklich zugleich. Mein Vater war Zahnarzt und sehr beliebt bei den Frauen. Viele seiner Patientinnen versuchten mit ihm anzubändeln und darüber haben wir oft unsere Scherze gemacht.

Ein halbes Jahr nach dem Tod meiner Mutter lernte er meine Stiefmutter kennen. Sie war 17 und ich war 14, und damit begann eine furchtbare Zeit. Dieses Mädchen kam aus einer kinderreichen, einfachen Familie und war glücklich, sich einen Arzt geangelt zu haben. Wir beide kämpften um meinen Vater. Er war vorher immer für mich da gewesen, aber jetzt war ich plötzlich überflüssig, ja lästig. Es gab unheimlich viel Streit zwischen seiner jungen Frau und mir, zwischen ihm und mir, zwischen den beiden und mir. Ich wurde bei jeder Gelegenheit heruntergeputzt, kritisiert, für alles Mögliche zur Verantwortung gezogen. Ich wehrte mich, indem ich vor dem Spiegel ein arrogantes Gesicht einstudierte und mich dann so im Zimmer aufstellte, dass nur meine Stiefmutter meine hochmütige Miene sehen konnte. Einmal lief sie in den Kleidern meiner Mutter herum und als ich etwas dagegen sagte, schmiss sie mir die Sachen vor die Füße.

Nach zweieinhalb Jahren, in der Unterprima, bekam ich eine Krankheit an den Händen. Meine Nägel kamen gelocht und gewellt heraus und ich musste wegen der schrecklich stinkenden Teerumschläge und Salben im Klassenraum immer am Fenster sitzen. Diese Erkrankung nahm mein Vater zum Anlass, mich von der Schule zu nehmen und mir einen Ausbildungsplatz zu suchen. Ich war verzweifelt, denn ich wollte unbedingt mein Abitur machen. Aber mein Vater blieb unerbittlich und so kam ich nach Offenbach auf die Kunstschule, denn mein zweites Talent neben der Musik war das Malen. Es wurde genau ausgerechnet, wie viel Brot man im Monat braucht und wie viel Fertigsuppen und Margarine. Sie haben mir 70 Mark gegeben für Lebensmittel und die Zimmermiete und wollten dann nach Möglichkeit nichts mehr von mir wissen. Auf meine Briefe bekam ich keine Antwort, und wenn ich mal anrief, wurde ich so schnell abgewürgt, dass ich mich das bald auch nicht mehr traute. Die vielen neuen Eindrücke in Offenbach taten mir gut. Meine Hautkrankheit verschwand innerhalb von einer Woche völlig. Ich hatte eine nette Zimmerwirtin, die auch für mich kochte. Es war das erste Mal, dass ich selbst entscheiden konnte, wann ich essen, lesen oder mir den Kopf waschen wollte, ganz normale Dinge, die sonst immer von anderen bestimmt worden waren. Meine Großmutter kam oft mit dem Zug, um sich um mich zu kümmern. Ich habe sie damals sehr zu schätzen gelernt, sie war sehr verlässlich und hat mich nie aufgegeben. Bei ihren Kindern war sie unnachgiebig und extrem ehrgeizig gewesen, ihre Töchter mussten auch im härtesten Winter jeden Tag den weiten Fußweg zum Gymnasium machen, bis meine Mutter Rheuma bekam und danach herzkrank wurde. Dafür hat sie meiner Großmutter die Schuld gegeben, das musste ich ständig hören und deshalb wollte ich als Kind auch nichts von meiner Großmutter wissen. Nach etwa einem Jahr lernte ich meinen späteren Mann kennen und vier Wochen vor meinem 19. Geburtstag wurde mein Sohn geboren, zwei Jahre später mein zweiter Sohn. Mein Mann hatte eine ähnliche Kindheit gehabt wie ich, auch er hatte unter der Fuchtel seiner Mutter gestanden und war von ihr nach Strich und Faden verdroschen worden. Wir waren sehr jung und es gab in unserer Ehe bald viele Probleme. Auch mein Mann verprügelte mich oft. Vielleicht habe ich deshalb auch in meinem Sohn vor allem einen Freund und erst in zweiter Linie mein Kind gesehen. Schon als kleiner Junge hat er mir viel geholfen, wir haben abends immer zusammen gekocht und ich habe mich oft mit ihm beraten. Ich hatte mir fest vorgenommen: Meine Kinder bekommen niemals auch nur einen Schlag. Und ich hab sie dennoch verprügelt. Wenn ich restlos verzweifelt war, weil die Kinder nicht reagierten oder nicht begreifen wollten, was ich ihnen sagte, habe ich draufgeschlagen. Und dann bin ich rausgelaufen und habe geheult, weil sie mir Leid getan haben und ich mich gehasst habe. Warum macht man das, obwohl man es doch weiß? Ich kann es mir nicht erklären.

Nach einigen Jahren nahm mein Vater über einen Anwalt wieder Kontakt zu mir auf. Er wollte von mir eine Verzichtserklärung für sein Haus, das er meiner Mutter überschrieben hatte und das nach ihrem Tod mir gehörte. Zu dieser Unterschrift war ich auch bereit, denn es war sein Haus, und da er mich nicht wollte, wollte ich auch nichts von ihm. In der Anwaltskanzlei las der Notar das Schriftstück vor und ich wurde darin mit meinem Geburtsnamen genannt – und nicht dem Namen meines Adoptivvaters. Ich habe das damals als die schlimmste Kränkung empfunden, die man mir jemals angetan hat. Ich habe gedacht, nicht mal seinen Namen gönnt er mir, und ich bin aufgestanden und weggegangen.

Zehn Jahre später stand er dann vor der Tür und da habe ich ihm die Unterschrift gegeben. Ich hatte mich damit abgefunden, dass ich in seinem Leben nur für ein paar Jahre eine Rolle gespielt hatte. Ich konnte ihm verzeihen, vielleicht wegen der Zeit, in der ich mich wirklich von ihm geliebt fühlte. Er war ja für eine Weile ein sehr guter Vater gewesen und nicht nur jemand, der eine Pflicht zu erfüllen hat. Ich glaube, wir waren sehr erleichtert, uns miteinander aussöhnen zu können. Es war eine echte Versöhnung ohne Vorbehalte, trotz der großen Kränkung, von ihm so verstoßen worden zu sein. Mein Vater war immer ein lebensfroher, ein leichtlebiger Mensch, und so gut er war, so egoistisch war er auch. Ein Jahr nach unserer Versöhnung ist er gestorben. Seine Frau hat mich angerufen und dann haben wir beide an seinem letzten Tag bei ihm gesessen. Sie hat gesagt, vieles sei damals falsch gelaufen, und ich trage ihr nichts nach, denn sie war ja kaum weniger Kind als ich. Der Tod meiner Mutter liegt jetzt mehr als 50 Jahre zurück und manchmal denke ich darüber nach, wie sich unser Verhältnis wohl entwickelt hätte, wenn sie länger gelebt hätte. Meine Tante hat mir einmal gesagt, sie glaubte, dass meine Mutter mich sehr geliebt hätte. Da habe ich gesagt, davon hätte ich nie etwas bemerkt. Sie ist ja nicht grade im Elend aufgewachsen, sondern in der besten Villengegend, die Eltern waren gebildet, und so was kennt man ja eher von Menschen, die ärmlich groß geworden sind, das könnte ich verstehen. Ich war ein gewolltes Kind und ich versuche zu glauben, dass sie mich geliebt hat. Ich hatte Ballettunterricht, ich bin geritten, ich sollte all das machen, was eine höhere Tochter ausmacht, und der Ehrgeiz gegenüber ihrem Kind hatte ja vielleicht auch mit Fürsorge zu tun. Jemand hat mir inzwischen erklärt, wie schlimm das mit dieser Augen-Erziehung ist, und das hat zu mehr Verständnis geführt, auch für ihre Prügelattacken. Ich sage mir, du selbst bist auch nicht ideal, hast dir vorgenommen, deine Kinder nicht zu schlagen, und was ist daraus geworden? Überhaupt nichts. Ich habe versucht, diese ganzen Entschuldigungen für sie geltend zu machen, aber wirklich verzeihen kann ich ihr nicht.

Ich hätte mir so sehr gewünscht, dass sie auch mal andere Ansichten akzeptiert hätte als nur ihre eigenen oder dass sie sich mal gefragt hätte, was ihr Kind empfindet. Ich male und schreibe, ich habe viele Ideen, aber ich sage mir dann oft, ach was, das mache ich lieber nicht, das kann ja nichts sein, bin ja nur ich. Bis heute habe ich es nicht fertig gebracht, ein gesundes Selbstvertrauen aufzubauen. Ich rede mit mir, ich denke, ich meditiere, und dann kriege ich manchmal so einen kleinen Lichtblick, aber von Selbstvertrauen ist das noch weit entfernt. Dass ich so mies gemacht wurde, kann ich nicht verzeihen, ich kriege es einfach nicht hin.

Neue Sichtweisen gewinnen

Die Biografie der Eltern: Wer ist der Mensch hinter »Vater« und »Mutter«?

Die positive Erwachsenenbeziehung

Die Eltern unserer Kindheit sind große, machtvolle Gestalten, zu denen wir aufschauen in der Überzeugung, dass es wohl kaum etwas gibt, das sie nicht könnten. Ihr Wort ist Gesetz, ihr Handeln unzweifelhaft richtig. Die Idealisierung der Eltern ist ein wichtiges Element bei der Persönlichkeitsentwicklung von Kindern. Doch im Verlauf des Heranwachsens muss dieses Idealbild wieder aufgelöst werden. Die Eltern als Menschen mit Stärken und Schwächen zu sehen, die die Anforderungen des Lebens mal besser, mal weniger gut bewältigen konnten, bildet die Basis für eine positive Erwachsenenbeziehung: Sich gelegentlich kräftig über sie zu ärgern gehört genauso dazu, wie manche unbequeme Eigentümlichkeit mit Nachsicht zu ertragen und ihre Vorzüge wahrzunehmen. Können Eltern und Kinder als Erwachsene offen und vertrauensvoll miteinander umgehen, auf Vorhaltungen und Drohungen verzichten und sich gegenseitig anerkennen, ist ein Verhältnis entstanden, in dem es auch an Respekt und Dankbarkeit der Kinder gegenüber ihren Eltern nicht fehlen wird.

In vielen Eltern-Kind-Beziehungen ist dieses Ziel nicht erreicht worden. Eltern können mit ihren Kindern keine Erwachsenenbeziehung führen, solange sie diese für die Bewältigung ihrer Konflikte brauchen. Die Kinder werden deshalb nicht aus ihrer Rolle als *abhängiges* Kind entlassen und sollen oft auch die Eltern weiterhin aus einer kindlichen Sicht wahrnehmen.

Vielen Eltern wurde selbst keine Erwachsenenbeziehung zu ihren Eltern zugestanden. Weil sie niemals erfahren haben, wie eine gleichrangige Beziehung funktionieren kann, in der die Achtung der Kinder vor den Eltern weiterbestehen und dadurch auch die Generationsgrenze gewahrt bleibt, erscheint ihnen Gleichrangigkeit suspekt. Die Elternrolle sichert über lange Zeit Bedeutung und Einflussnahme, die oft nicht aufgegeben werden können, wenn die Kinder erwachsen sind. Ebenbürtigkeit wird somit als »unstatthaft« und »unangemessen« empfunden. Dahinter verbirgt sich jedoch sehr oft eine unbewusste Angst, die Selbstwert stützende »Oberhand« zu verlieren, wenn man den Kindern »erlaubt«, in der Beziehung auf gleiche Scheitelhöhe aufzuschließen – läuft man damit nicht Gefahr, dass sie einem gleich über den Kopf wachsen?

Manchmal sind es aber auch die Kinder, die an einer kindlich-idealisierten Sichtweise der Eltern festhalten, weil eine realistische Wahrnehmung, eine »Entzauberung« der Eltern, aus verschiedenen Gründen nicht gewagt wird – vielleicht weil die Eltern überaus dominierend waren oder weil aus einer Lebensängstlichkeit heraus auf den Schutz starker, idealisierter Eltern nicht verzichtet werden kann.

Einer positiven Erwachsenenbeziehung können auch starke Scham oder Wut im Wege stehen. Menschen, die sich ihrer Eltern schämen, etwa weil sie alkoholabhängig, kriminell oder psychisch krank sind, verleugnen sie vor sich selbst und anderen. Die Eltern als menschliche Wesen mit guten und schlechten Anteilen wahrzunehmen kann auch nicht gelingen, wenn Kinder nach negativen Erfahrungen mit den Eltern Wut, Gleichgültigkeit oder Verachtung ihnen gegenüber entwickelt haben oder eine Vorwurfshaltung das Verhältnis zu den Eltern dominiert.

Verhärtete Grundeinstellungen als Schutzschild

Belastende Situationen können manchmal nur mit Hilfe dieses Selbstschutzes aus Verleugnung, Distanz, Aggression und Gegenabwertung durchgestanden werden. Eine wohlwollendere, verständnisvollere Sicht der Eltern zu entwickeln ist oftmals nicht möglich, weil damit auch der Verlust dieses Schutzschildes assoziiert wird. Sich ihnen aus einer objektiveren Position anzunähern ist mit der Befürchtung verbunden, sich dadurch erneut angreifbar zu machen und wehrlos zu sein.

Haben sich jedoch Wut, Gleichgültigkeit oder Verachtung erst einmal als Grundgefühl etabliert, ist es sehr schwer, diese Haltung aufzugeben, eben weil sie scheinbar vor Schlimmerem bewahrt. Besonders problematisch ist dabei, dass sich die Art und Weise des Umgangs miteinander, also die für das jeweilige Eltern-Kind-Verhältnis typische Beziehungsstruktur, mit dem Erwachsenwerden der Kinder nicht geändert hat. Die einmal ausgebildete negative Grundeinstellung bekommt im gegenwärtigen Umgang miteinander oft immer wieder neue Nahrung. Das alte Bild kann nicht verblassen, sondern erhält durch aktuelle Wiederholung eingefahrener Interaktionsmuster neue Bestätigung und lässt sich so mühelos immer wieder auffrischen: Natürlich hat sie gleich wieder angefangen zu heulen, um mich unter Druck zu setzen! Natürlich musste er mir mal wieder unter die Nase reiben, dass ich den falschen Beruf habe! Schon sind Gedanken und Gefühle in einem Regelkreis wachsender Negativität gebunden, der sich immer schwerer durchbrechen lässt.

Der Hintergrund für das »Kultivieren« einer negativen Grundhaltung sind häufig Ängste und andere unerträgliche Gefühle aus der Kindheit, die in Erwachsenen immer noch ihr Unwesen treiben. Unser Gehirn ist nun einmal so konstruiert, dass der Gefühlsgehalt prägender Erfahrungen in ähnlichen Situationen immer wieder aktiviert wird, selbst wenn wir den zum Ereignis gehörenden Sachverhalt gar nicht mehr erinnern. Genau diese Arbeitsweise unseres Gehirns trägt maßgeblich dazu bei, dass Kinder auch als Erwachsene immer wieder wie ein Kind fühlen, wenn alte Muster im interaktiven Geschehen sich wiederholen.

Die bedrohlichen Gefühle dringen häufig gar nicht ins Bewusstsein, sind aber nichtsdestotrotz als machtvolle Lenker unseres Denkens hinter den Kulissen aktiv. Sie lassen sich mit Wut, Verachtung und Gleichgültigkeit niederhalten und beherrschen. Wer beispielsweise als Kind viele Male erfahren hat, dass nach einem Streit eine Versöhnung nur möglich war, wenn man sich unterwürfig entschuldigte und erst dann die Eltern bereit waren, das Kind in Gnaden wieder aufzunehmen, dem wird auch später ein versöhnliches Zugehen auf die Eltern unmöglich, solange damit die Empfindung von Demütigung verbunden ist. Eine verhärtete Unzugänglichkeit mit Hilfe gedanklicher Abwertung der Eltern scheint dann ein probates Mittel, neuerlichen Demütigungen zu entgehen. So lässt sich verstehen, dass erwachsene Kinder es manchmal vorziehen, sich in einer negativen Grundhaltung gewissermaßen häuslich einzurichten. Ganz anders zu sein als die Eltern und möglichst wenig mit ihnen gemein zu haben ist weitaus nahe liegender, als sich über Ähnlichkeiten und Gemeinsamkeiten in ihnen wiederzufinden.

Mit dieser nachvollziehbaren Fixierung auf die negativen Seiten der Eltern, die indes ihre guten Seiten ausblendet und damit das Bild negativer Personen schafft, werfen wir uns gleich mehrere Knüppel zwischen die Beine: Wir verschwenden eine Menge Lebensenergie, indem wir eine schwere Last unproduktiver Gedanken und Gefühle mit uns herumschleppen. Wir bleiben in der Kinderrolle gefangen, die uns dazu zwingt, die Eltern weiter »wie damals« und »von unten« zu erleben. Wir verzichten darauf, die Eltern aus einer gleichrangigen Erwachsenenposition wahrzunehmen und damit den »Kindergefühlen« erfolgreich Paroli zu bieten.

Den Eltern als Mitmensch an die Seite treten

Die differenzierte Sicht der Eltern ist ein wichtiger Schritt auf dem Weg zu einer erwachsenen Haltung, der weitere positive Veränderungen nach sich zieht. Zu einer objektiveren Sichtweise kommen wir, indem wir die Eltern als Menschen sehen, die ebenso wie wir ins Leben hineingeworfen wurden und seinen formenden, verletzenden wie fördernden Einflüssen ausgesetzt waren. Mit wachsender Kenntnis ihrer Lebensumstände, der prägenden Ereignisse ihrer Kindheit, Jugend und frühen Erwachsenenzeit, müssen wir die Eltern nicht mehr nur als »Mutter« und »Vater« wahrnehmen, sondern können in ihnen »Inge« und »Peter«, »Anne« und »Wilhelm« sehen und uns dadurch selbst leichter als Erwachsene begreifen, die in Gegenwart der Eltern nicht mehr wie ein Kind fühlen müssen. Indem wir sie aus der

Sicht eines Mitmenschen betrachten und die Umstände erkennen, die zu ihrer Persönlichkeitsentwicklung beigetragen haben, können wir viele ihrer Eigenschaften und Verhaltensweisen besser verstehen und neu bewerten.

»Tatsächlich sagte meine Mutter immer, meine Großmutter sei eine Heilige. In den Augen meiner Mutter eine ›Heilige‹ zu sein, bedeutete, dass ihre Mutter eine hoch moralische, strenggläubige Katholikin war«, schreibt der Familientherapeut William F. Nerin. »Erst als ich verstand, wie sehr meine Mutter ihre Mutter idealisierte und glorifizierte, konnte ich die schrecklichen Schuldgefühle meiner Mutter nachvollziehen, wenn sie eine kirchliche Vorschrift verletzt hatte. Weil ich die Beziehung zwischen meiner Mutter und ihrer Mutter verstehe, kann ich auch andere Verhaltensweisen meiner Mutter besser nachvollziehen, die mir ein Rätsel waren, bis ich die Bedeutung dieser Beziehung begriff.«[17]

Die Biografie der Eltern – eine Entdeckungsreise

Wie war die Beziehung unserer Eltern zu ihren Eltern? Nach welchen Grundsätzen und Wertvorstellungen wurden sie erzogen? Wie war die Ehe der Großeltern? Welches Klima herrschte in der Familie? Gab es Wärme und Offenheit, gab es Gewalt oder Vernachlässigung? Wie ehrgeizig oder perfektionistisch waren die Großeltern in Bezug auf ihre Kinder? Gab es Bevorzugung oder Ablehnung einzelner Kinder? Wie war das Verhältnis der Geschwister untereinander? Welche Vorstellungen hatten unsere Großeltern in Bezug auf die Zukunft ihrer Kinder? Wie frei waren unsere Eltern in der Wahl ihrer Partner, ihres Berufes? Welchen Einfluss haben unsere Großeltern auf unsere Eltern ausgeübt, nachdem diese erwachsen waren? Gab es schwerwiegende Enttäuschungen im Leben unserer Eltern, die nicht verarbeitet werden konnten? Gab es traumatische Ereignisse, wie Todesfälle in der Familie, insbesondere den frühen Verlust eines Elternteils, Unfälle, Vertreibung oder Verarmung? Wie haben unsere Eltern den Krieg erlebt? Wie war ihre Lebenssituation zur Zeit unserer Geburt? Unter welchen Bedingungen mussten sie uns großziehen?

Je mehr wir über das Leben unserer Eltern in Erfahrung bringen, desto leichter wird es uns fallen, zu verstehen, warum sie so geworden sind, wie sie sind. Wir können die Welt aus ihren Augen betrachten und damit auch uns selbst aus ihrem Blickwinkel sehen. Diese Sicht auf uns selbst mit den Augen der Eltern kann für das Durchschauen der Beziehungsstruktur und vieler damit in Zusammenhang stehender Reaktionsweisen außerordentlich aufschlussreich sein. Mit dem Verstehen können auch Mitgefühl, Achtung und die Bereitschaft wachsen, ihre Unzulänglichkeiten und Fehler als menschlich zu akzeptieren.

Neue Verbundenheit

Die einfühlende Beschäftigung mit der Biografie der Eltern schafft Verbundenheit – nicht allein dadurch, dass wir sie befragen und dadurch vielleicht zum ersten Mal seit langer Zeit ein »großes« gemeinsames Thema gefunden haben, das uns in einen positiven, ja spannenden Dialog bringt. Verbundenheit entsteht auch dadurch, dass wir die Eltern ebenso wie uns selbst als Träger eines Schicksals erkennen können. Viele ihrer Eigenschaften, Denk-und Verhaltensweisen, mit denen sie uns möglicherweise geschadet haben und die uns auch heute das Leben manchmal schwer machen, lassen sich als Ergebnis früher Beschädigungen und als aus der Not geborener Überlebensstrategien in einem ganz anderen, relativierenden Licht sehen. Die Eltern und uns selbst als Menschen wahrnehmen zu können, die wie Glieder einer Kette unschuldig einem Kreislauf der Schädigungen ausgesetzt sind, fördert das Gefühl von Solidarität. Damit können wir auch zulassen, uns in vielem, im Guten wie im weniger Guten, in den Eltern wiederzuerkennen – mit einer Prise Selbstironie und vielleicht auch mit Stolz. Aus diesem Blickwinkel eröffnet sich auch die Möglichkeit, gemeinsam etwas zu bedauern oder zu betrauern, das in der Beziehung nicht gelungen ist.

Im Allgemeinen reagieren Eltern sehr positiv auf Fragen nach ihrer Geschichte, denn sie beweisen Interesse und Wertschätzung. Der Familientherapeut William F. Nerin nennt aber auch Gründe, die Eltern an einer aufgeschlossenen Beantwortung hindern können. So kann eine bedrückende Vergangenheit zu schmerzhaft gewesen sein, um sich dem Erlittenen in der Erinnerung wieder auszusetzen. Oder zentrale Ereignisse sind so scham- oder schuldbehaftet, dass sie nicht mitteilbar sind und das Thema deswegen unter Umständen generell nicht besprochen werden soll. Ein weiterer Grund kann darin bestehen, dass Eltern fürchten, ihnen könnte etwas angekreidet werden – vor allem die mangelhafte Erfüllung ihrer elterlichen Pflichten. Auch wenn Eltern argwöhnen, hinter den Fragen ihres Kindes stecke die heimliche Absicht, sie zu kritisieren, sie ändern zu wollen, gegen sie auftrumpfen zu wollen oder von ihnen Eingeständnisse bekommen zu wollen, können sie sich durch Fragen bedroht fühlen. Gerade wenn die Beziehung von Spannungen beeinträchtigt ist, sollten Kinder sich auf ihre Unvoreingenommenheit überprüfen und eine unbedrohliche Form der Ansprache einhalten.[18]

Abgesehen vom direkten Gespräch können aber auch andere Mittel der Recherche zum Einsatz kommen – vor allem dann, wenn starke Ressentiments einem offenen Dialog von Eltern und Kindern im Wege stehen, die Beziehung abgebrochen wurde oder die Eltern bereits gestorben sind. Gespräche mit anderen Zeitgenossen der Eltern wie Verwandte und Freunde oder Menschen, die in anderen Zusammenhängen über längere Zeit Kontakt zu den Eltern hatten, ergeben häufig klärende Details. Auch Fotoalben sind eine wertvolle Hilfe, sich ein erweitertes Bild über das Leben der Eltern zu machen. Dabei lassen sich außerdem Kindheitserlebnisse mit den Eltern wieder in Erinnerung rufen. Auch wenn das, was die alten Fotos dokumentieren, oft kaum noch etwas mit den heutigen Personen und ihrer Beziehung zu tun hat, so können doch diese Zeugnisse gemeinsamen Erlebens zu einer differenzierten, versöhnlichen Sicht beitragen.

Schließlich bieten heute viele Psychotherapeuten unterschiedliche Verfahren an, die Verständnis und Einsicht in das Leben der Eltern, ihre Handlungsweisen und mögliche dahinter stehende Motive fördern und die Beziehungsproblematik erhellen. Dazu gehören die Familienrekonstruktion der Familientherapeutin Virginia Satir, die Familienskulptur, Rollenspielverfahren, verschiedene Konzepte der Familienaufstellung und die Arbeit mit Genogrammen.

»Auf einmal entstehen Neugier und Interesse« Gespräch mit der Psychotherapeutin Dr. Helga Käsler-Heide, Tübingen

Zeitlebens sind wir mit unseren Eltern eng verbunden. Wie zeigt sich diese starke Bindung bei der Arbeit mit Ihren Patienten?

Ich glaube, es gibt ein menschliches Grundbedürfnis, dass jemand da ist, der uns beschützt. Die Vorstellung, ich bin die Letzte in dieser Hierarchie, macht sehr vielen Menschen Angst: Wer schützt mich jetzt? Sich mit dem Tod der Eltern abzufinden, ist manchmal ganz schwierig. Und je nachdem, wie satt Kinder geworden sind an Geborgenheit und Liebe, können sie auch loslassen und versuchen, ein anderes Verhältnis zu den Eltern zu bekommen.

Kinder, die auf diese Weise nicht »satt« wurden, haben ja oft Eltern, die selber »hungrig« geblieben sind.

Ja, das setzt sich über Generationen fort. Weil die, die noch nicht satt geworden sind, manchmal ein Leben lang nach dem hungern, was sie als Kinder nicht bekommen haben. Ich habe 70-Jährige in Therapie, bei denen immer noch dieser Mechanismus da ist, und diese Bedürftigkeit ist nach wie vor – meist unbewusst – wirklich auf die Eltern gerichtet.

Nach schweren Gewalt-und Trennungserfahrungen, heißt es in Ihrem Buch »Wenn die Eltern älter werden«, kann es erwachsenen Kindern auch unmöglich sein, versöhnend auf die Eltern zuzugehen.

Ich habe diesen Teil sehr bewusst geschrieben, um Menschen, die solche Erfahrungen haben, auch zu entlasten. Etwa wenn jemand wirklich über Jahre hinweg misshandelt worden ist. Ich habe eine Patientin, deren Mutter eines

Tages ins Zimmer kommt und sieht, dass der Vater wie üblich der Tochter die Hose herunterreißt und sich das nackte Kind auf den Schoß legt und es schlägt. Und die Mutter sagt: »Josef, streng dich doch nicht so an, nimm doch den Gürtel.« Was soll man da noch sagen? Es gibt Situationen, die sind so schlimm, dass ich denke, es ist ganz schwer, sich wieder mit den Eltern zu versöhnen. Jemand, der keinen Kontakt mehr zu seinen Eltern hat, stößt dann vielleicht auch bei anderen auf Unverständnis. Deshalb habe ich bewusst geschrieben, manchmal ist eine Versöhnung nicht möglich. Eine Auseinandersetzung mit dem eigenen Leben kann eben auch diesen Abschluss haben.

Viele Zusammenhänge und Hintergründe unserer Beziehung zu den Eltern lassen sich kaum allein erkennen. Welche Vorteile liegen darin, sich Fachleute zu Hilfe zu holen, die für eine solche Aufdeckungsarbeit geschult sind?

Wenn man über die eigene Lebensgeschichte mit Freunden oder Angehörigen spricht, sind diese Menschen kaum in der Lage, einen neutralen Standpunkt einzunehmen. Die Neutralität des Therapeuten ist aber ein entscheidender Punkt. Therapeuten sind da, um herauszufinden, wo die Ursprünge der heutigen Probleme liegen. Sie stellen vielleicht auch kritische Fragen, die einen weiterbringen.

Ich habe eine Patientin von etwa 70 Jahren. Ihre 90-jährige Mutter lebt noch, aber die hatte sie seit ewigen Zeiten nicht mehr gesehen. Diese Patientin kam wegen ihrer aktuellen Depressionen. Sie sagte, ihre Vergangenheit hätte sie bewältigt und sie möchte darüber nicht mehr sprechen. Trotzdem bin ich verpflichtet, am Beginn einer Therapie eine biografische Anamnese zu machen, und die Patientin heulte dabei Rotz und Wasser, weil noch so viel Unbewältigtes da war. Sie hat dann sehr schnell zu ihrer Mutter Kontakt aufgenommen und viele interessante Dinge erfahren, über die nie gesprochen worden ist, denn es gab in dieser Familie ganz viele Tabus. Die Mutter erzählte nun zum ersten Mal Details aus ihrer eigenen Kindheit, von denen die Patientin nichts wusste. Plötzlich war ein Interesse da.

Ein Interesse an der Geschichte der eigenen Familie?

Ja. Ich lasse Patienten regelmäßig ein so genanntes Genogramm zeichnen und dabei fällt immer wieder auf, wie wenig Wissen vorhanden ist. Ich habe Patienten, die wissen gar nicht, an wievielter Stelle der Geschwisterfolge die eigene Mutter geboren wurde, geschweige denn, wie die Geschwisterkonstellation der Großeltern aussieht.

Bekommen die Patienten die Aufgabe, ihre Familiengeschichte zu recherchieren?

Zunächst bitte ich die Patienten gleich am Anfang bei der biografischen Anamnese, ihre Familie aufzuzeichnen. Dann sehen wir, wo es zum Beispiel zu Totgeburten kam, wo es Kinder gab, die gestorben sind. Diese Umstände haben alle einen Einfluss. Wenn auffällt, dass beide Eltern Erstgeborene sind, sind es in der Regel ganz andere Menschen als solche, die in der Mitte der Geschwisterfolge stehen. Als Nächstes kann man sich den Altersabstand ansehen usw. Auf diese Art und Weise entsteht Neugier auf die Geschichte der Eltern und ganz viele Patienten stellen fest: Mensch, das weiß ich gar nicht, ich habe keine Ahnung und mir darüber nie Gedanken gemacht. Wenn dann unbekannte Dinge herausgefunden werden, ist so viel Interesse da, dass ich gar nichts sagen muss. Die Patienten fangen von sich aus an, ihre Eltern zu fragen.

Die Patientin mit der 90-jährigen Mutter wusste kaum etwas über die Geschichte ihrer Mutter, aber solange ihre

Mutter noch lebt, kann diese ihr von ihrer eigenen Mutter erzählen. Und sie erinnert sich mit großer Wahrscheinlichkeit auch an ihre Großmutter, also die Urgroßmutter der Patientin. So erhält man ganz viele Informationen über die eigene Familie. Waren die Müller oder Schmied oder Tierarzt? Was geschah in der Familie, wie haben die gelebt? All dies geballte Wissen ist ein wichtiger Schatz für die Patientin, der mit dem Tod ihrer Mutter verloren geht.

Und der ja auch, wenn man ihn teilt, Zusammengehörigkeit vermittelt.

Dadurch, dass ich frage, gebe ich meinen Eltern oder Großeltern eine ganz große Wertschätzung. Ich sage dadurch indirekt: Du bist mir wichtig. Mir ist bewusst geworden, was für einen Stellenwert du hast für mich. Diese große Wertschätzung spielt eine besondere Rolle, wenn Eltern alt werden und so langsam die Gebrechlichkeiten kommen, vieles geht nicht mehr und sie müssen beginnen abzuschließen. Sie müssen sich mehr und mehr von ihren Kindern die Welt erklären lassen, die sich so schnell ändert: Wie geht das, auch technisch? Und das entwertet.

Etwas wert zu sein, definieren wir sehr über das Handeln. Ich tu was, ich kann was, also bin ich was wert. Je älter ich werde, desto mehr wird meine Handlungsfähigkeit eingeschränkt, insbesondere wenn ich pflegebedürftig werde. Die Folge ist, dass ich mich zunehmend entwertet, wertlos fühle; auch Lebenssinn und Lebensperspektive schwinden dann oft.

Man gibt also Eltern und Großeltern ganz viel an Wert, indem man Fragen stellt: Wie war das damals? Das ist etwas Beidseitiges: Die Kinder kriegen etwas von den alten Eltern und die alten Eltern können den Kindern etwas geben. Es kann zum Thema »Versöhnung« enorm beitragen, weil ich auf einmal viel mehr Verständnis habe. Was hat meinen

Vater damals getrieben, so zu handeln und nicht anders? Dieses Genogramm holen wir im Laufe der Therapie immer wieder her.

Das Genogramm als eine Art Leitfaden der Therapie, der mir zugleich hilft, mich und meine Familie neu zu entdecken?

Hier ist zum Beispiel das Genogramm eines Mädchens und man kann sehen, dass die Mutter das erste von drei Kindern ist. Das Mädchen hat herausgefunden, dass seine Mutter eigentlich ein Sohn werden sollte, den der Vater sich über alles wünschte. Wir haben im Genogramm auch verzeichnet, dass ihr ältestes Mädchen ebenfalls ein Sohn werden sollte. Solche Aufträge gehen oft weiter, die Eltern identifizieren sich in der Regel mit dem Kind, das der eigenen Geschwisterkonstellation entspricht, am meisten – mit teilweise großen Auswirkungen auf das Eltern-Kind-Verhältnis.

Dazu stelle ich immer wieder Fragen, zum Beispiel: Wie hättest du damals im Alter von drei oder vier Jahren deine Mutter beschrieben? Was hat deine Mutter über das Frau-Sein von ihrer Mutter gelernt? Und was hast du von deiner Mutter über das Froh-Sein gelernt? Dabei wird deutlich, dass unsere Eltern unsere ersten Vorbilder sind und dass wir deshalb manchmal deutlich spüren: In diesem Punkt möchte ich wie meine Mutter sein. Oder ich will überhaupt nicht so sein wie meine Mutter. Was dann auch oft schief geht!

Wäre das auch eine Auswirkung fehlender Aussöhnung? Dass ich Anteile, die ich übernommen habe, an mir ablehne oder verleugne?

Ja, die Mutter in mir. Das, was ich gelernt habe von ihr und was ich eigentlich nicht sein wollte und dann doch bin. Der erste Schritt ist immer die Erkenntnis: Doch, es gibt Anteile, da bin ich wie meine Mutter. Da bin ich genauso hart wie sie, beispielsweise. Aber heißt das denn, dass diese

Härte nur negativ ist? Hat diese Härte nicht auch positive Seiten?

Unangenehme, schmerzhafte Kindheitserfahrungen können ja auch Eigenschaften fördern, die uns sehr nützlich sind. Zum Beispiel ein großes Einfühlungsvermögen in andere Menschen. Das kann doch auch ein Gewinn sein?

Das ist ein wichtiger Punkt, den ich ausführlicher erklären möchte. Diese Bonbons dort auf dem Tisch sind nicht nur zum Essen da, sondern auch potenzielle Familienmitglieder. Ich bitte die Patienten, mit dem »Goldstück« als Hauptperson und den anderen Bonbons darzustellen, wie ihr Leben aussah, als sie ungefähr drei Jahre alt waren. Da gab es die Mutter, die war ganz nah. Der Bonbon für die Position des Vaters wird vielleicht ein Stückchen weiter weg platziert und dann kam noch ein Geschwisterchen, dem man sich überhaupt noch nicht nah fühlte. Im Alter von acht Jahren hat sich an dieser Konstellation vielleicht schon eine Menge geändert und in der Pubertät sieht die Situation wieder ganz anders aus. Wir sind so schnell bereit zu sagen, meine Kindheit war so und so. Dafür greifen wir schlaglichtartig eine Situation heraus …

… und die repräsentiert dann gleich 15 Jahre.

Ja. Aber mein Kindergartenalter, in dem meine Mutter mir noch ganz nah war, ist eine ganz andere Situation als diejenige Jahre später, als noch andere Geschwister da waren oder der Vater vielleicht ausgezogen ist. Die nächste Frage lautet: Wie würde das Ideal Ihrer Herkunftsfamilie aussehen? Die wird oft ganz anders dargestellt: Die Schwester soll vielleicht am besten gar nicht existieren, lieber nur Vater – Mutter – Kind. Und dann frage ich: Wie sähe Ihr Leben aus, wenn es nach dem Idealmodell verlaufen wäre?

Jetzt wird es interessant, denn man muss sich erst mal überlegen: Welche Fähigkeiten hätte ich dann, welche hätte ich nicht? Was hätte ich verloren, was gewonnen? Dann lässt sich auch der versöhnende Anteil erkennen, nämlich dass ich einiges gelernt habe aus meinem Leben, wie es tatsächlich gewesen ist.

Michael (47): »Unser Verhältnis hat sich völlig gewandelt«

Mein Vater arbeitete als Blechschlosser bei Mercedes und mit fünf Kindern war es finanziell bei uns immer knapp. Es gab Brot mit Zucker, dazu Muckefuck und am Sonntag mal Schweinebauch. Aber es hat trotzdem vorne und hinten nicht gereicht. Einmal hat meine Mutter einige Wochen heimlich in einem Geschäft als Kassiererin gearbeitet. Als mein Vater das erfuhr, ist er aufs Fahrrad gestiegen und wie ein Wilder dahin gefahren, dann hat er sie an den Haaren von der Kasse weggezogen. Er wollte nicht, dass seine Frau arbeitet, das war eine Beschämung für ihn.

Er hat geschuftet, nebenbei noch auf dem Bau gearbeitet und dachte wohl, dass wir damit auskommen würden. Wenn meiner Mutter mal wieder die Schulden über den Kopf gewachsen waren, gab es bei meinem Vater Lohnpfändungen, manchmal fünf, sechs hintereinander. Zu Hause kam es deswegen zu furchtbaren Auseinandersetzungen, bei denen ich manchmal am Kittel meiner Mutter hing und rief, hört doch auf zu streiten, und dann bin ich irgendwo in eine Ecke geflogen. Jeden Tag, wenn es halb vier wurde, habe ich Angst gehabt, dass gleich wieder etwas passieren würde, wenn mein Vater nach Hause kam. Das hat mich auch als Erwachsener später immer noch verfolgt: Ich bin um halb vier total unruhig geworden. Dann musste ich raus aus der Wohnung, bin im Wald spazieren gegangen und habe mich gefragt, was wohl mit mir los ist. Manchmal war der Druck so groß, dass ich dachte, ich müsste sterben.

Ich hab mich als Kind oft gefragt, wie meine Mutter das aushält: diese Erniedrigungen, die Schläge, das Geschrei, wenn mein Vater wieder auf 180 war. Sie kam aus Brandenburg und ein liebevolles Zuhause hatte sie sicher nicht, denn meine Großmutter war sehr herrisch. Meine ältere Schwester hat mir erzählt, dass meine Mutter nach Kriegsende eines Abends von mehreren Russen überfallen und vergewaltigt worden ist. Ich glaube, dass sie dieses Ereignis nie verarbeiten konnte, und es hat wohl auch ihr Verhältnis zu Männern bestimmt: Männer herrschen und wenn sie sagen, dass sie Sex wollen, muss die Frau eben bereit sein. Es kann sein, dass sie meinem Vater von den Vergewaltigungen gar nichts gesagt hat. Zwischen meinen Eltern fand ohnehin wenig Kommunikation statt und er konnte sich auch nicht in sie einfühlen. Meine Mutter hat oft gesagt, ich bring mich um, ich schmeiß mich jetzt vor 'nen Zug. Wir haben hinter einem Bahndamm gewohnt und wenn ich abends im Bett die Züge vorbeifahren hörte, habe ich panische Angst gehabt, dass sie es wahr macht. Wenn wieder kein Geld mehr da war, hat sie alles Mögliche bei Versandhäusern bestellt, und ich musste diese Sachen dann zum Leihhaus bringen, damit sie mit dem Geld wieder andere Löcher stopfen konnte. Das war ein ewiger Kreislauf.

Viele Jahre habe ich als Kind alles darangesetzt, es meinem Vater recht zu machen. Mal von ihm in den Arm genommen oder gelobt zu werden – das war ein Riesenwunsch von mir. Aber die Rollen waren schon verteilt: Ich war der mit den zwei linken Händen und meine Geschwister waren immer besser als ich – beim Pilzesuchen, beim Heidelbeersammeln, beim Aussäen, bei allem, was mein Vater gerne machte. Immer wenn man einen Eimer mit Heidelbeeren gesammelt hatte, gab es von ihm ein Zitronenbonbon. Einmal habe ich unten Moos in den Eimer gestopft und Beeren obendrauf getan. Das war das einzige Mal, dass ich ein Bonbon bekommen habe. Er hat mir immer gesagt, ich kann nichts und ich bin nichts. Ich hatte auch später lange Zeit immer das Gefühl, ich kann tatsächlich nichts. Wenn mich jemand angeguckt hat, habe ich gedacht, jetzt sieht er, wie dämlich ich bin.

Einmal hat mein Vater mir von einer Versteigerung eine Gitarre mitgebracht – solche Ereignisse gab es eben auch, das war eine andere Form der Anerkennung, und ich war begeistert und habe von meinem Vater sogar eine Zeit lang das Geld für Unterricht in einer Musikschule bekommen. Ein ganzes Jahr habe ich dann in einer Baufirma sauber gemacht und Briefe weggebracht, um mir eine Westerngitarre kaufen zu können. Für 130 Mark. Als ich zwei Wochen danach von der Schule kam, war die Gitarre weg. Mir war klar, dass meine Mutter sie ins Leihhaus gebracht hatte, obwohl sie es immer leugnete. Seitdem habe ich keine Gitarre mehr angefasst. Sie hat wirklich alles versucht, um an Geld zu kommen: Sie ist ins Büro von meiner Firma gegangen, hat da irgendetwas erzählt und sich mein Lehrgeld auszahlen lassen. Ich habe meine Mutter dafür gehasst. Man fühlt so eine Ohnmacht. Man denkt, du kannst deine Mutter jetzt anschreien, aber das interessiert sie gar nicht.

Als ich 15 war, trennten sich meine Eltern, nachdem mein Vater während einer Kur eine andere Frau kennen gelernt hatte. Zwei Jahre später bin ich bei meiner Mutter ausgezogen und ich wollte auch keinen intensiven Kontakt mehr mit ihr haben. Von meinem Vater hatte ich mich schon vorher völlig distanziert, weil er nicht zum Unterschreiben meines Lehrvertrags bei dem Fotografen erschienen war, der mich trotz meines schlechten Zeugnisses ausbilden wollte. Diese Lehrstelle hat mir sehr viel bedeutet, viel mehr als die Ausbildung zum Groß-und Einzelhandelskaufmann, die ich stattdessen gemacht habe.

Auf der Fachschule für Sozialpädagogik bin ich später mit Psychologie in Kontakt gekommen und habe bei bestimmten Themen gemerkt, dass sich darin meine eigene Kindheit widerspiegelt. Aber es dauerte noch einige Jahre, bis ich mutig genug für eine Psychotherapie war. Drei Jahre habe ich dann mit einem Therapeuten ganz intensiv an meiner Kindheit gearbeitet. Ich wollte ja immer der Liebe sein, bloß nicht wütend werden und sich mit jemand auseinander setzen müssen. Ich wollte am liebsten immer nur »Ja« sagen, ja, du hast Recht. Während der Therapie habe ich sehr gut gelernt, auch mal »Nein« zu sagen und meine Wut rauszulassen. Mit einem Tennisschläger, den mein Therapeut mir gegeben hatte. »Mit diesem Tennisschläger haben schon ganz viele Leute ihre Wut bearbeitet, da stecken ganz viele Themen drin. Vielleicht nimmst du ihn mal mit und hörst mal rein«, hat er gesagt. Zu Hause habe ich meine ersten zaghaften Schläge gemacht, aber richtig umgehen konnte ich damit nicht. Irgendwann hat er gesagt: »Guck mal, wie ich das mache«, und hat ganz weit ausgeholt. Ich habe es daraufhin noch mal probiert, erst wieder ganz verklemmt und unbeholfen, aber dann brach es auf einmal so richtig aus mir heraus. Meinen Vater habe ich während dieser Phase meiner Therapie tausendmal in Stücke gehauen.

Zu ihm war der Kontakt seit Jahren völlig abgerissen, als er an einem Weihnachtsmorgen plötzlich vor der Tür stand und meine Frau fragte, ob er mich mal sprechen könne. Ich bin aufgestanden, ganz ohne Panik, und einfach im Schlafanzug nach unten gegangen. Früher war das ganz anders gewesen: Sehe ich auch ordentlich aus, ist alles sauber, sitzt meine Hose richtig? Ich hab mich immer enorm kontrolliert, um irgendwann dieses Schulterklopfen zu kriegen. Mein Vater war gekommen, um zu fragen, wie es mir geht. Wir haben drei, vier Stunden in der Küche gesessen und ich konnte ihm alles erzählen. Es war irgendwie ein anderer Vater, der ausgerechnet nach dem Abschluss meiner Psychotherapie wieder aufgetaucht war.

Er hat dagesessen und geweint, als ich ihm erzählt habe, wie es mir mit ihm ging, früher, als Kind mit den Heidelbeeren und den zwei linken Händen, und später während der Therapie. Ich habe ihm aber auch gesagt: »So gehst du heute nicht mehr mit mir um, jetzt bin ich erwachsen. Und das Zweite, was ich dir sagen will, ist: Ich hab dir verziehen. Für das, was du mit mir gemacht hast, fühle ich keinen Groll mehr, seit ich mit der Trauer- und Aggressionsarbeit abgeschlossen habe – und es waren viele Stunden, die ich mit dem Tennisschläger zugebracht habe, viele Stunden.« Ich bin heute sehr froh, dass ich es geschafft habe, meinem Vater alles zu sagen. Dass ich überhaupt die Chance bekommen habe, meine Konflikte mit ihm zu klären. Wir sind später zusammen nach Norwegen gefahren und die Erinnerungen an diese Reise haben für mich einen ganz besonderen Wert. Wir sitzen in seinem kleinen Boot, genießen die Natur und er erzählt mir von seiner Kindheit. Er ist mir ein Freund geworden. Ich bin gerne mit ihm zusammen. Wenn ich bei ihm bin, merke ich, wie warmherzig er geworden ist. Er umarmt mich. Er hat sich zumindest mir gegenüber total geändert. Einmal hat er gesagt, ich würde ihn an seine Mutter erinnern, die starb, als er elf Jahre alt war. Zwei Jahre später starb auch sein Vater, er musste die Schule verlassen und eine Lehre machen, um seine fünf Geschwister mitzuernähren.

Ich habe auch versucht, mit meiner Mutter zu sprechen, aber ich habe dabei genau dasselbe erlebt, was ich von früher kenne: schnell über alles hinweggehen, weil es an ihre eigenen Verletzungen rührt. Als Kind hatte ich immer das Gefühl, ich muss sie vor meinem Vater beschützen. Andererseits gab es auch so viel Wut und Enttäuschung über sie. Während der Therapie habe ich gelernt, meine Mutter anders zu sehen. Distanzierter, aber ohne Verbitterung, dass sie das Ideal der guten Mama nicht erfüllen konnte. Weil sie so voller Chaos steckte durch die Erfahrungen, die sie während des Krieges gemacht hat, nach dem Krieg und mit meinem Vater – die kannten sich ja kaum und kriegten gleich ein Kind. Ich habe Verständnis dafür bekommen, dass sie so ist, wie sie ist, obwohl mir in meiner Kindheit die Wärme so sehr gefehlt hat, die Geborgenheit, all das, was man von einer Mutter braucht.

Ich habe während der Therapie das Bild von einer Mama entwickelt, wie ich sie gerne gehabt hätte – das hat mich sehr angerührt und ist in mir geblieben. Seitdem habe ich meine Mutter weniger als Mutter gesehen, sondern eher als ältere, gebrechliche Frau. Ich konnte ihr gegenüber anders auftreten, sie beraten und ihr zur Seite stehen, wenn es nötig war, ohne von ihr etwas zu erwarten.

Nachdem meine Mutter gestorben war, haben wir Geschwister alle zusammengesessen, haben über die Kindheit geredet und alte Geschichten erzählt. Ich bin noch einmal zu ihr in das Zimmer gegangen, wo sie aufgebahrt war, und habe ihr einen Brief unter den Kopf gelegt. In dem Brief habe ich ihr gesagt, dass ich weiß, wie es um sie stand, und wie ich es bedaure, dass sie nicht besser leben konnte. Ich hätte ihr etwas anderes gewünscht. Da bin ich noch einmal ganz traurig geworden.

Der Generationenkonflikt und die Bedeutung gemeinsamer Bezugspunkte

Jugendliche Ablöseprozesse gehen immer einher mit dem Bedürfnis, eine eigene Identität zu entwickeln, anders sein, leben, handeln zu wollen als die Eltern. Für eine gelungene Ablösung ist jedoch wichtig, dass es neben Dissens und Distanz auch gemeinsame Bezugspunkte gibt, die gewährleisten, dass die Beziehung und die Kommunikation aufrechterhalten werden können. Ohne ein Mindestmaß an Gemeinsamkeit und Übereinstimmung fehlt es an Gelegenheiten, bei denen Kinder und Eltern sich als zusammengehörig erfahren und – bei aller Unterschiedlichkeit der Standpunkte – auch Achtung, Anerkennung und Stolz füreinander spüren können.

Die Kriegs-und die Nachkriegsgeneration taten sich besonders schwer, einander im Gefühl gegenseitiger Bedeutsamkeit wiederzufinden. Daher lässt sich an der spezifischen Problematik dieser beiden Generationen besonders deutlich aufzeigen, welche Auswirkungen das Fehlen gemeinsamer ideeller und kultureller Bezugspunkte zwischen Eltern und Kindern haben kann. Nur knapp drei Jahrzehnte lagen zwischen dem Beginn des Zweiten Weltkriegs und den sozialen Umbrüchen, die das Jahr 1968 einläutete. In dieser Zeitspanne hatten sich die Wert- und Lebensvorstellungen der Kriegsgeneration und der Nachkriegsgeneration um zwei Pole kristallisiert, die kaum weiter auseinander liegen konnten. Moralische Maßstäbe, Lebensgrundsätze und politische Auffassungen, das Rollenverständnis von Mann und Frau, Praxis und Ziele der Kindererziehung, die Bedeutung materieller Werte, Formen des Zusammenlebens – all das taugte nicht mehr zu Identifikation und gegenseitiger Bestätigung.

Die krasse Unterschiedlichkeit der Lebensumstände und

-erfahrungen dieser beiden Generationen hat wesentlich zu einer wohl einmaligen Entfernung voneinander beigetragen. Die schwerwiegenden Auswirkungen vor allem der Kriegserlebnisse waren für die Jungen nicht zu ermessen. Manches, was die Eltern in diesen Jahren erlebt hatten, war in einem Ausmaß belastend, dass es nicht aussprechbar war. Doch auch in dem, was über den Krieg erzählt wurde, ließ sich das Furchtbare des Erlebens kaum übermitteln. Das Kriegsschicksal ihrer Väter und Mütter konnte deshalb die Kinder emotional nicht erreichen, was viele Einstellungen der Eltern leichter verständlich gemacht hätte.

Oft war es kein »liebevoller Kampf«

Die Kinder waren sich nicht bewusst, dass die unverblümte Ablehnung der elterlichen Lebensinhalte für diese mit einer herben Kränkung verbunden war. Für die hilflose und überzogene Weise, mit der viele Eltern auf die Ablösungskapriolen ihrer Kinder reagierten, sind aber auch weitere Umstände in der Biografie dieser Kriegsgeneration bedeutsam. Ihre eigene Ablösung von den Eltern kannte keine offene Auflehnung oder war in den Wirren der Kriegs- und Nachkriegsjahre untergegangen. In ihren Herkunftsfamilien war es vor allem ums Gehorchen gegangen. Die unbekümmerte Experimentierfreude und Sinnlichkeit, mit der die junge Generation sich dem Leben in all seinen Facetten öffnete, bedeutete für viele Eltern auch eine Bedrohung ihres seelischen Gleichgewichts, das auf Halt gebende Konventionen und normative Verbindlichkeiten besonders angewiesen war. Das »radikale« Auftreten der Jungen bescherte ihnen darüber hinaus oft ein Gefühl der Unterlegenheit, das mit autoritären Gegenmaßnahmen bekämpft werden musste.

All dies erschwerte es wiederum den Erwachsenen nachzuvollziehen, was in ihren Kindern vorging. Viele waren auch nicht in der Lage, mit den eigenen Gefühlen offen umzugehen und dadurch Nähe und Verständnis herzustellen. Die meisten Angehörigen der Kriegsgeneration hatten in ihren Familien kein Miteinander erlebt, das auf die Bedürfnisse von Kindern Rücksicht nahm. In der nationalsozialistischen öffentlichen Erziehung war der Nachwuchs überdies unentwegt zu Härte und klagloser Hingabe an das höhere Ganze angehalten worden. Empfindsam zu sein war eine Schwäche. Sich von einer »schwachen Seite« zeigen zu können, Ängste, Befürchtungen, Sorgen, auch Liebe auszudrücken, Fehler einzuräumen, nach Auseinandersetzungen einzulenken war ihnen oft nicht möglich. Eltern und auch die heranwachsenden Kinder wurden dadurch um die Erfahrung gebracht, dass gerade das Offenbaren von Unsicherheit und Verletzlichkeit gegenseitiges Verständnis fördert und somit im Dienste einer guten Beziehung steht.

Während die 68er-Jugendrevolte zu den enormen gesellschaftlichen Veränderungen in der Bundesrepublik maßgeblich beitrug, gab es in den Familien oftmals wenig Entwicklung. Die Kinder zog es bald ins spannende soziale Neuland der Hochschulen und Wohngemeinschaften, die Eltern waren zunächst für lange Zeit Nebensache. Der Nachwuchs hatte sich häufig davongemacht, ohne dass die Parteien in der Lage gewesen wären, die trennenden Gegensätze zu überwinden, versöhnlich aufeinander zuzugehen und gemeinsame Bezüge wiederherzustellen. So manchen fehlte das – für Heranwachsende wichtige – Gefühl, ein Elternhaus zu verlassen, in das man gerne zurückkehrt.

Die Kinder hatten gegen die Eltern gekämpft, aber es war in vielen Fällen kein »liebevoller Kampf«[19] gewesen, der in dem Bewusstsein geführt wurde, dass man sich gegenseitig etwas bedeutet und aufeinander angewiesen ist. Sicherlich saß man irgendwann wieder friedlich an einem Tisch. Aber es war oftmals ein Friede um des lieben Friedens und der Konventionen willen, unter dem sich neue Verbundenheit nicht leicht entwickeln konnte. Auch zu erkennen, was die Eltern zu dem gemacht hat, was sie sind, und ihr Schicksal mit Anteilnahme zu würdigen, ist der Nachkriegsgeneration durch den Bruch in den Lebenserfahrungen oft erst sehr spät, manchmal gar nicht möglich gewesen.

Thomas (60): »Wir sind uns nie wieder näher gekommen«

Es hat um das Jahr 1968 herum sehr viele Diskussionen zwischen mir und meinem Vater gegeben, aber das waren immer eher Streitereien um politische Themen, bei denen sich die Fronten schnell verhärteten. Zu einem Konsens sind wir eigentlich nie gekommen, eine Kommunikation fand irgendwann auch gar nicht mehr statt. Meine Vorbilder waren die sozialistischen Arbeiterführer, die die Kapitalisten davongejagt und die Leibeigenschaft in Russland beendet hatten. Das war auch ein Grund für mich, auf keinen Fall Kaufmann wie mein Vater zu werden. Für mich hatte sein Beruf immer den Beigeschmack, andere über den Tisch ziehen zu müssen. Neben unseren politischen Auseinandersetzungen brachte ich meinen Vater außerdem mit vielen kleinen Aktionen auf die Palme. Ich klebte ihm zum Beispiel ein Bild des rechten Moderators Gerhard Löwenthal an den Fernseher, unter dem stand: »Wenn Sie diesen Mann sehen, bitte abschalten«. Solche eigentlich lächerlichen Provokationen führten dann zweimal zu einem Bildersturm in meinem Zimmer, bei denen mein Vater sämtliche Plakate von den Wänden riss. Meine Mutter stand immer dazwischen, dämpfend und ausgleichend, um Harmonie ringend.

Nachdem ich 18 geworden war, hielt ich die Atmosphäre zu Hause nicht mehr aus. Diese Beziehungslosigkeit und Autoritätsgläubigkeit, immer schön den Amerikanismus hochhalten, artig sein und das Gemecker anhören. Ich bin in den Ferien nach Schweden gefahren, wo ich ein Jahr zuvor eine Medizinstudentin kennen gelernt hatte, und zwar mit der Absicht, nicht mehr zurückzukommen. In Schweden bin ich ein Vierteljahr geblieben und wollte mir dort Arbeit suchen. Dafür brauchte ich die Zustimmung der schwedischen Botschaft in Deutschland, und als es dort zu Verzögerungen kam, war irgendwann mein Elan verpufft. Ich wohnte wieder bei meinen Eltern. Mein Vater hatte auch erreicht, dass ich in meine alte Schule gehen konnte.

Zu Hause wurde mein Ausbruch einfach übergangen. Es war etwas Peinliches passiert, an das man am besten nicht mehr rührt. Es war eine Art Waffenstillstand eingetreten, wir hatten keinen Streit mehr, aber auch keine Gemeinsamkeiten. Mein Vater hat später weder meinen Studienfachwechsel, der ihm sicher nicht gepasst hat, kommentiert noch meinen guten Studienabschluss. Meinen Frieden habe ich mit meinem Vater erst machen können, als er hinfällig und zunehmend auch geistig verwirrt wurde. Er war durch unglückliche Umstände noch nach Kriegsende in russische Gefangenschaft gekommen, und was er während dieser Jahre dort an Grausamkeit erlebte, hat ihn zum Schluss in seiner Demenz noch einmal schrecklich eingeholt. Aber über den Nationalsozialismus und den Krieg zu sprechen oder uns auf anderen Gebieten wieder anzunähern haben wir nicht gekonnt. Wenn ich heute über ihn nachdenke, stelle ich fest, dass vieles, was damals zwischen uns vorgefallen ist, mich immer noch mit Bitterkeit erfüllt.

Das Verhältnis anders gestalten

Heraustreten aus den alten Beziehungsstrukturen

Der Mensch, das subjektive Wesen

Sind wir objektiv? Natürlich! Lebenserfahren und abgeklärt verfügen wir über eine distanzierte Sicht der Dinge und sehen mit bekümmertem Kopfschütteln, wie alle Welt sich in die Haare gerät. Bis uns jemand an den Karren fährt – da können wir verdammt subjektiv werden. Denn jetzt sind wir persönlich betroffen. Persönliche Betroffenheit ist ein »todsicherer« Objektivitätskiller. Das differenzierende Spektrum des unbeteiligten Dritten kennt jetzt, wo er selbst involviert ist, nur noch schwarz und weiß. Leider ist es mit unserer Fähigkeit des objektiven Sehens nicht weit her, sobald wir irgendwo zum Mitspieler geworden sind: Wo immer wir mit anderen in Beziehung treten – wir tun es stets subjektiv. Wir nehmen die Wirklichkeit nicht wahr, wie sie »an sich« ist, sondern durch die Brille unserer persönlichen Sichtweisen, die durch unsere Vorerfahrungen und Emotionen einen starken subjektiven Schliff erhält.

Dabei erweist sich der Umstand als problematisch, dass wir uns selbst bei der Wahrnehmung der Realität nicht »von außen« im Blick haben können. Das führt dazu, dass wir unser eigenes Verhalten vornehmlich als Reaktion auf das Verhalten anderer erleben. Alles war in Ordnung, bis uns irgendein Mensch mit seiner kränkenden Art die Laune verdorben hat. Jetzt fühlen wir uns schlecht – entwürdigt, ohnmächtig, wütend. Unserem sonst so nüchtern urteilenden Ich rückt die Betroffenheit mit der Wucht eines heftigen, unangenehmen Gefühlsgemischs auf die Pelle, das wir am einfachsten in den Griff bekommen mit der Schlussfolgerung: Wir sind im Recht, der andere ist schuld.

Nun kann man von all den egoistischen Raubeinen um uns herum nicht viel erwarten – wohl aber von den Menschen, die uns nahe stehen. Sie wenigstens sollten uns doch kennen, sich in uns einfühlen können, unsere Situation verstehen. Es ist doch so einfach zu sehen, wie gutwillig und friedliebend wir im Grunde unseres Herzens sind! Warum landen wir bloß so oft vor einer Mauer offenbar unversöhnlicher Gegensätze und sehen uns gezwungen, unsere Rechte und unsere Ehre immer wieder zu verteidigen?

Gern übersehen: Der Eigenanteil

Wenn uns daran gelegen ist, unsere Beziehungen zu verbessern, kommen wir nicht umhin, unseren Eigenanteil wahrzunehmen und als wesentlichen Gestaltungsfaktor anzuerkennen. Das fällt besonders gegenüber den Eltern schwer. Als wir diese Welt betraten, waren sie schließlich erwachsen und uns haushoch überlegen. Wir wussten nichts, konnten nichts, waren total abhängig. Die Eltern haben die Weichen für den Verlauf der Beziehung gestellt, die Kinder konnten gar nicht anders, als darauf zu reagieren!

Doch Beziehungen existieren immer auf der Grundlage von Wechselwirkungen und auch Kinder beeinflussen ihre Eltern seit ihrem Erscheinen auf der Bildfläche durch ihr Verhalten, selbst wenn ihre Beziehungsbeiträge unbewusst und absichtslos sind. Sicher sind es für lange Zeit die Eltern, die den Beziehungsrahmen vorgeben, doch mit zunehmender Reife werden auch die heranwachsenden Kinder immer mehr zu Beziehungspartnern, denen eine Mitverantwortung bei der Beziehungsgestaltung zufällt. Sich die grundsätzliche Wechselwirkung von Beziehungen zu vergegenwärtigen hilft uns, unsere Anteile daran nicht länger als reines Reagieren auf das Verhalten des anderen zu sehen, sondern das Geschehen als einen fortwährenden Kreisprozess aufzufassen, an dem wir heute, als Erwachsene, eigenverantwortlich beteiligt sind. Ein Kreisprozess ist jedoch regel- und steuerbar. Solange wir dem Glauben anhängen, immer nur Reagierende zu sein, geben wir das Steuerruder aus der Hand und »lassen den anderen machen«. Damit laufen wir Gefahr, zum passiven »Beziehungsempfänger« zu werden, der sich womöglich noch als »Beziehungsopfer« empfindet, anstatt die eigene Kreativität zur aktiven Beziehungsgestaltung zu sehen und zu nutzen. Erwachsene Kinder sollten sich als gleichrangige und gleich verantwortliche Beziehungspartner verstehen, die in der Gegenwart exakte 50 Prozent Eigenanteil am Beziehungsgeschehen haben – im Positiven wie im Negativen.

Wollen wir eine Beziehung verbessern, müssen wir uns auf die Suche nach der Störungsquelle machen. Dank unserer ungebremsten Subjektivität ist diese meist schnell gefunden: Der andere ist's! Wenn uns einer verriete, wie man ihn ändern könnte, wäre das Problem Vergangenheit. Lehrer und Schüler, Vorgesetzte und Untergebene, Lebenspartner und -partnerinnen, Arbeitskollegen, Eltern und Kinder – wer immer in einer verfahrenen Beziehung steckt, sieht sein Heil in diesem Mittel. Statt jedoch die Schwierigkeit im anderen zu sehen und viele Energien darauf zu verschwenden, ihn umzukrempeln, kommen wir viel leichter zum Ziel, wenn wir lediglich eine »schwierige Beziehung« entdecken, an deren augenblicklichem Zustand wir mitgewirkt haben – und sei es dadurch, dass wir uns ihre Bedingungen vom Beziehungspartner haben aufzwingen lassen.

Weg mit der Schuldfrage!

Was eine unvoreingenommene Sicht unserer Anteile so schwierig macht, ist die allgemeine Neigung, »Anteil« mit »Schuld« gleichzusetzen. Weil niemand schuldig sein möchte, bleibt der Eigenanteil vorsichtshalber ausgeklammert, dafür wird der Anteil des Beziehungspartners umso deutlicher als schuldhaftes Verhalten wahrgenommen. Zumal, solange wir uns selbst nicht als Agierende, sondern als Reagierende sehen: Wer angefangen hat, hat auch die Schuld! Mit dieser Haltung werden Beziehungen auf Hickhack-Niveau festgefahren. Darum: Weg mit der Schuldfrage, denn sie gießt nur Öl ins Feuer unserer Subjektivität.

»Keiner ist schuld, aber alle sind beteiligt« ist eine Devise, mit der wir sehr viel weiter kommen. Wenn es nur noch Beteiligte gibt, fällt es leichter, das Beziehungsgeschehen distanzierter, mehr aus der Sicht eines neutral beobachtenden Zeugen zu betrachten. Je besser es uns gelingt, in die Rolle eines nicht wertenden Beobachters zu schlüpfen, desto leichter können wir uns davor bewahren, von emotionaler Betroffenheit mit Beschlag belegt zu werden und somit an Handlungsfähigkeit einzubüßen. Um aus den alten, unproduktiven Denk-und Verhaltensmustern herauszukommen, müssen wir die eigenen Anteile an unserer Elternbeziehung – Gefühle, Einstellungen und Handlungsweisen – so unvoreingenommen wie möglich wahrnehmen und bearbeiten. Anregungen dazu sind in den Therapeuteninterviews und auf den kommenden Seiten zu finden.

Indem wir uns mit unserer Elternbeziehung auseinander setzen, können wir auch die Anteile von Vater oder Mutter an der gegenwärtigen Beziehung objektiver sehen, mit wachsender Kenntnis biografischer und psychologischer Hintergründe einordnen und verständnisvoller handeln. Letztendlich müssen wir den Anteil der Eltern aber in ihrer Verantwortung belassen. Beziehungsgestaltung enthält immer auch die Möglichkeit, dass die Chance einer Beziehungsveränderung vom anderen *nicht* wahrgenommen wird. Beziehungen können sich entwickeln, aber die Entwicklung in eine bestimmte Richtung lässt sich nun einmal nicht erzwingen.

Der Teufel steckt im System

Mutter: »Was gibt es denn heute bei euch zu essen?« *Tochter:* »Wir haben noch Reste von gestern. Klaus und Sabine waren da.« *Mutter:* »Zum Kartenspielen?« *Tochter:* »Nein, sie planen eine größere Reise und haben sich unsere Dias aus Kanada angesehen.«

Mutter: »Ach, die Dias, die du mir schon seit zwei Jahren zeigen wolltest!«

Tochter: »Bitte erinnere dich, dass wir schon zweimal zum Diaabend fest verabredet waren, aber du hast beide Male kurzfristig abgesagt, weil dir eine andere Einladung wichtiger war.« *Mutter:* »Das kann ich mir kaum vorstellen, ich habe doch ganz selten etwas vor. Im Gegensatz zu dir; wir sehen uns wirklich kaum noch. Ist ja auch langweilig, hier bei der alten Mutter zu sitzen, die nichts von der Welt zu erzählen hat.« *Tochter:* »Mein Gott, geht das jetzt schon wieder los. Immer gleich dieser vorwurfsvolle Ton. Ich strampel mich ab, um alles auf die Reihe zu kriegen mit den Kindern und dem Job in der neuen Abteilung. Und Wolfgang war auch gerade wieder so lange auf Montage.«

(Mutter sieht schweigend aus dem Fenster)

Tochter: »Also komm, dann lass uns am nächsten Sonntag gemütlich zusammen Kaffee trinken, und wenn du willst, gucken wir dann die Dias.«

Mutter: »Ach, ich weiß nicht ... Wenn Wolfgang so lange weg war, wollt ihr natürlich lieber unter euch sein. Frau Schuster von nebenan hat mich außerdem gefragt, ob ich Sonntag mit ihr zum Friedhof gehe.«

Tochter: »Es ist genau wie immer: Ich lade dich ein, aber du willst nicht kommen. Hauptsache, ich habe ein schlechtes Gewissen!«

Kaum zu glauben, dass eine harmlose Frage nach dem Speiseplan so ein emotionales Unwetter heraufbeschwören kann. Frustration auf allen Seiten. Vor allem die Tochter ist erbost – mit vollem Recht! Hat sie nicht alles versucht, auf die Wünsche der Mutter einzugehen? Ist sie dabei etwa nicht über ihren Schatten gesprungen, nachdem die vorherigen Absagen sie enttäuscht und gekränkt hatten? Aber die Mutter musste sie mal wieder als schlechte Tochter hinstellen, sie mit Vorwürfen bombardieren. Wie lang soll denn der rote Teppich sein, den man ihr ausrollen muss, damit sie gnädigst erscheint? Immer wieder dasselbe Spiel!

Wie problematische Systemkreisläufe entstehen

Tatsächlich konnten wir gerade der x-ten Aufführung eines Schauspiels beiwohnen, das den Titel »Wir bedienen das System« trägt. Mutter und Tochter haben wieder einmal ihr Bestes gegeben. Wie automatisch haben sie in ihre Rollen hineingefunden, ohne einen Blick hinter die Kulissen werfen zu können. Denn »das System« ist eine nur schwer durchschaubare typische Verhaltenskombination zweier Beziehungspartner, deren Elemente zusammenpassen wie die Faust aufs Auge. Wenn in dieser komplizierten Beziehungsmaschinerie immer wieder der Kessel explodiert, dann deshalb, weil die beiden Beziehungspartner in der Lage sind, durch ein bestimmtes Verhalten – wie durch »Knopfdruck« – beim jeweils anderen die emotionale Temperatur zum Sieden zu bringen.

Damit ist zunächst einmal nur der sichtbare Teil des Systems erklärt. Unsichtbar bleiben dagegen die Beweggründe, die zur Ausbildung des »Systemverhaltens« geführt haben. Ihnen liegen seelische Verletzungen, unerfüllte Bedürfnisse und unbewusste Ängste zugrunde, die Menschen unverarbeitet mit sich herumtragen. Um mit emotional überfordernden Situationen insbesondere in der Kindheit fertig zu werden, entwickeln sie Denk- und Verhaltensweisen, die sie vor der Wucht nicht zu bewältigender Gefühle schützen. Wer zum Beispiel wegen seiner Fehler verlacht oder verletzend kritisiert wurde, wird der Scham vielleicht dadurch zu entgehen suchen, dass er Fehler krampfhaft vermeidet. »Fehlerlos muss man sein!«, lautet das Introjekt, das ihn künftig regiert und ihn zum 150-prozentigen Perfektionisten macht, der sich und anderen nichts durchgehen lässt.

Der Angst vor Zurückweisung, die sich in längst versunkenen Zeiten eingenistet hat und niemals weichen will, versuchen Menschen oft – wie bereits beschrieben – zu begegnen, indem sie sich Zuwendung auf indirekte, manipulatorisch-kontrollierende Weise sichern. Ist der Beziehungspartner das eigene, abhängige Kind, so hat es häufig bereits im zartesten Alter gelernt, auf die Befindlichkeiten der Eltern Rücksicht zu nehmen – vielfach auf Kosten der eigenen seelischen Unversehrtheit. Auch dieser Zusammenhang wurde schon ausführlich dargestellt. Bei systemischen Beziehungsproblematiken haben wir es also noch mit einem massiven unsichtbaren Teil – gewissermaßen einem System-»Eisberg« mit brisantem Unterwasserschwerpunkt – zu tun, der aus unbewussten Ängsten, unerfüllten Wünschen, Vermeidungsstrategien und Überempfindlichkeiten besteht, die die Beziehungspartner in die aktuelle Situation einbringen. Beide versuchen vom anderen etwas zu bekommen, das dieser nicht zu geben vermag, weil die dazu eingesetzten Mittel ungeeignet sind, ja sogar das erwünschte Verhalten geradezu verhindern.

Die Mutter in unserem Beispiel verbirgt ihre Wünsche nach Kontakt und Zuwendung hinter Vorwürfen und Unterstellungen, um die Tochter auf diese Weise »zum Guten« zu bewegen und gleichzeitig einer Verletzbarkeit durch Selbstoffenbarung zu entgehen. Als der Druck, den sie ausübt, Wirkung zeigt, kann sie das Angebot nicht annehmen, weil es durch die Erpressung an Wert verloren hat, also womöglich gar nicht »von Herzen« kam. Außerdem fährt ihr auch noch ihr geringes Vertrauen in den eigenen Wert in die Parade: Sie könnte ja stören! Das stetige, leise Pochen des Gefühls der Minderwertigkeit hat vielleicht schon bei den letzten Absagen eine Rolle gespielt.

Die Tochter wiederum hat seit langem eine ausgeprägte Allergie gegen die Vorwürfe der Mutter entwickelt. Sie möchte so gerne als gute Tochter angenommen werden. Die Mutter braucht nur ihr »Anklagegesicht« aufzusetzen, da fährt die Tochter innerlich schon die Kanone aus: Die Schuldgefühle, die so leicht ihr »Gute Tochter«-Gefühl zunichte machen, versucht sie durch Rebellion gegen die Vorwürfe und mit Rechtfertigungen abzuwehren. Die Ablehnung der – ehrlich gemeinten – Sonntagseinladung bedeutet eine Kränkung, die mit einem »Dann-eben-nicht!«-Rückzug pariert wird. Mit einer Folge, die die Tochter auch klar formuliert: Neue Schuldgefühle stellen sich ein, weil der Rückzug ein weiteres Schuldigwerden gegenüber den mütterlichen Forderungen bereits einschließt.

Und so beißt sich der System-Teufel in den Schwanz. Gefangen in ihrer emotionalen Betroffenheit, können die Beteiligten den anderen in seinem Wollen und Wünschen nicht wahrnehmen, sondern »bedienen« das System, indem sie zu einem Verhalten Zuflucht nehmen, mit dem sie gerade denjenigen Gefühlen des anderen neue Nahrung geben, die er um alles in der Welt nicht fühlen möchte. Das System läuft und läuft wie der gute alte Volkswagen.

Angst vor dem Verlust der Oberhand

Die undurchsichtige emotionale Gemengelage wird noch verkompliziert durch die besondere »Oben-unten«-Problematik in Eltern-Kind-Beziehungen: Wenn Eltern in ihrem Selbstwertgefühl beschädigt sind, fällt es ihnen besonders schwer, die »Oberhand« aufzugeben und ein symmetrisches, gleichrangiges Miteinander zuzulassen. Auf das Kind als Beziehungspartner zuzugehen, auch Fehler oder Schwächen zuzugeben, ist ihnen häufig nicht möglich. Wenn Kinder gerade dies von den Eltern fordern, um Genugtuung für erlittenes Unrecht zu erlangen, wird unter Umständen ein weiterer negativer Kreislauf in Gang gesetzt, der die Beziehungspartner ohne Bewegungsfreiheit an eine Position bindet und dadurch eine Beziehungsverbesserung im Keim erstickt.

»Sobald sie mich erkennen ließe, dass sie manches einsieht, wäre ich bereit, mich mit ihr an einen Tisch zu setzen und alles durchzusprechen. Aber sie verweigert jede Aussprache«, heißt es in einem der Erfahrungsberichte erwachsener Kinder. Es besteht wenig Hoffnung, dass die Mutter ihrer

Tochter diesen Gefallen jemals tun wird, denn die Forderung/Verweigerung eines einsichtsvollen Gesprächs stellt bereits ein eigenes System dar, das beide Beziehungspartner »bedienen« und somit am Leben erhalten: Solange die Bereitschaft zur Einsicht mit »Nachgeben« oder gar »Sich fügen« assoziiert wird, werden beide endlos um diese Trophäe kämpfen – die eine mit Einsichts-Verweigerung, um nicht von ihrem unverzichtbaren Thron herabsteigen zu müssen, die andere mit Einsichts-Forderung, um aus den Niederungen von Ohnmacht und Entwürdigung aufsteigen zu können.

»Ohrfeige für das System, Umarmung für den Menschen« – ein Weg zu Handlungsalternativen

Wie kann man aus dem unheilvollen System-Karussell aussteigen? Kehren wir noch einmal kurz zu dem Dialog von Mutter und Tochter zurück. Für beide hätte es Möglichkeiten gegeben, das Gespräch einvernehmlich zu beenden. Die Mutter hätte einfach die Einladung der Tochter zum Sonntagskaffee annehmen können – vorausgesetzt, sie wäre sich ihrer hinderlichen Gefühle bewusst geworden, hätte sie mit Hilfe ihrer Vernunft als unbegründet entlarvt und überwunden. Sich zu sagen: »Ich nehme jetzt einfach die Einladung meiner Tochter als Zeichen des Friedens an und freue mich darüber«, war ihr nicht möglich. Die Tochter hätte auf ihren »Dann-eben-nicht!«-Rückzug verzichten und der Mutter noch einmal auf nette Weise sagen können, wie sehr sie sich über einen Besuch freuen würde. Aber wenn man gekränkt, wütend und obendrein noch von Schuldgefühlen befallen ist, liegt eine solche Auflösung der vertrackten Situation kaum in Reichweite.

Hätte die Tochter dies jedoch vorbehaltlos und ohne das Gefühl, klein beizugeben, gekonnt, wäre ihr eine elegante Vollbremsung des System-Karussells gelungen. Sie hätte dazu womöglich einen effektiven Weg beschritten, den eine Hamburger Psychologengruppe auf die griffige Formel »Eine Ohrfeige für das System, eine Umarmung für den Menschen« gebracht hat. Bei dieser Doppelstrategie geht es darum, sich nicht länger in einen Kreislauf negativer Verhaltensweisen einbinden zu lassen, sondern aus einer distanzierten Position heraus das Geschehen anders zu bewerten und dadurch zu nützlicheren Handlungsalternativen zu kommen.

Die »Ohrfeige für das System« besteht darin,

- die Beeinflussungsstrategien des Beziehungspartners wahrzunehmen und
- diese als unbewusst eingesetzte Maßnahmen zur Förderung eines positiven Selbstbildes, zur Erlangung von Achtung, Zuwendung, Einfluss, Bedeutung und/oder zur Kontrolle von Ängsten vor Selbstoffenbarung/Zurückweisung, Verlassenheit oder Gefühlen des eigenen Unwertes zu verstehen sowie
- auf die Manipulationen nicht mehr einzugehen, sondern sich aus einer erwachsenen Haltung heraus angemessen abzugrenzen.

Unerlässlich: Die gründliche Selbstklärung

Dazu bedarf es zunächst einer gründlichen Selbstklärung von der Warte eines neutralen Beobachters: Welche Emotionen empfinde ich? Fühle ich mich gedemütigt, herausgefordert, nicht ernst genommen? Habe ich ein schlechtes Gewissen? Regt sich trotziger Widerstand in mir? Fürchte ich, Wut, Ablehnung, abwertende Kritik, Enttäuschung oder Vorwürfe bei den Eltern hervorzurufen? Sich der eigenen Gefühle bewusst zu werden hilft uns, Bauch und Kopf getrennt wahrzunehmen und uns in jenen Momenten eine Handlungsfähigkeit zu bewahren, wo die persönliche Betroffenheit uns dazu verleitet, wieder in alte, automatisierte Verhaltensmuster zu verfallen. Allein die Wahrnehmung aller in uns arbeitenden Gefühle führt bereits dazu, dass wir Herr im eigenen Hause bleiben und unser handlungsfähiges Ich davor bewahren, vom subversiven Treiben bedrohlicher Gefühle kopflos gemacht zu werden.

Dieses »Wie-ein-Zeuge-neben-sich-Stehen« ist Übungssache. Je heftiger Gefühle über uns herfallen, desto schwieriger ist es anfangs, der Verlockung automatischer Abwehr zu widerstehen und die Emotionen auszuhalten. Unangenehme Gefühle sind jedoch eine wichtige »Dienstleistung« unserer Psyche, weil sie uns den Weg zum Verständnis unserer selbst weisen, auch wenn uns ihre Begleitung oft nicht recht gefallen will. Deshalb ist es sinnvoll, auch nach einer Konfrontationssituation die Gefühle rückblickend wahrzunehmen und aus einer möglichst neutralen Sicht zu betrachten, wenn sich die emotionalen Wogen ein wenig geglättet haben. Wir fördern damit eine erwachsene Haltung, die darauf verzichten kann, sich in Ressentiments zu verbeißen.

Das Bewusstsein der eigenen Souveränität stärken

Erwachsene Kinder sind in Konfliktsituationen mit den Eltern leicht in Gefahr, wieder von Kinderängsten regiert zu werden. Die oben erwähnte Furcht vor negativen Reaktionen der Eltern kann sehr tief verwurzelt sein. Sie zeigt sich auch in körperlichen Reaktionen wie Beklemmungsempfinden, Herzklopfen, feuchten Händen oder einem »zugeschnürten«

Hals. Diesen Ängsten steht oftmals das starke Verlangen, endlich als eigenständiger Erwachsener von den Eltern akzeptiert zu werden, gegenüber – ein Gemisch widerstreitender Gefühle, das Überreaktionen noch begünstigt. Selbstbewusst und souverän, also erwachsen zu handeln ist aber nur möglich, wenn wir uns auch genauso fühlen.

Gegenüber den Eltern wieder in die Kind-Rolle zurückzufallen lässt sich verhindern, indem wir in uns ein Gefühl verlässlicher Souveränität etablieren, das sich zum Beispiel in folgende Worte kleiden lässt:

Ich bin kein Kind mehr, sondern ein eigenständiger Erwachsener, der für seine Lebensgestaltung, sein Denken, Fühlen und Handeln verantwortlich ist. Der Abhängigkeit von den Eltern bin ich längst entwachsen, ich habe nichts mehr von ihnen zu befürchten und muss von ihnen nichts erbitten. Im Bewusstsein dieser Unabhängigkeit kann ich dem Denken, Fühlen und Handeln der Eltern gelassen gegenüberstehen, denn ich bin dafür nicht verantwortlich. Weil ich nur für mich verantwortlich bin, habe ich keine Veranlassung, das Verhalten der Eltern zu lenken oder zu kontrollieren. Im Vertrauen auf meine Souveränität kann ich ihnen begegnen, ohne etwas verbergen oder gegen meinen Willen preisgeben zu müssen.

Ein solches Bewusstsein der Souveränität lässt sich kaum aus dem Hut zaubern, wenn wir in einer Konfrontationssituation wieder einmal Gefahr laufen, in die emotionale Kind-Position zu geraten. Deshalb ist es wichtig, dieses Erwachsenen-Gefühl wiederholt in einer entspannten Situation zu erzeugen, ihm Raum in unserem Innern zu geben, bis es zu einem vertrauten Begleiter geworden ist. Mit Hilfe unserer Vorstellungskraft lässt sich ein positives Bewusstsein konditionieren – ein Verfahren, das sich in vielfältiger Weise sowohl die Psychologie (etwa die in diesem Buch vorgestellte Technik der Transaktionsanalyse und die Arbeit mit inneren Bildern) als auch die jahrhundertealten Meditationsschulen des Buddhismus und Hinduismus zunutze gemacht haben. Wenn wir immer wieder einmal gezielt ein paar Minuten auf das Erzeugen eines souveränen Erwachsenen-Bewusstseins verwenden, können wir es in einer Krisensituation leichter der überkommenen Kind-Position entgegensetzen und von dieser inneren »sicheren Plattform« aus tatsächlich immer souveräner agieren.

Die innere Unabhängigkeit, auf die wir uns als Erwachsene berufen können, sollte allerdings auch in der Realität bestehen. Erwachsene Kinder mit einem belasteten Elternverhältnis, die nur eine eingeschränkte äußere Unabhängigkeit von den Eltern besitzen, etwa weil sie ein ihnen gehörendes Haus bewohnen, von ihnen Zuwendungen beziehen oder im elterlichen Betrieb arbeiten, sollten bedenken, dass eine materielle Abhängigkeit dazu beitragen kann, Eltern und Kinder in negativen Kreisläufen festzuhalten: Eltern »erkaufen« sich damit unter Umständen Einflussmöglichkeiten, gegen die sich die Kinder nicht abzugrenzen wagen.

Wir entscheiden über die Bedeutung von Ereignissen

Ein guter Zugang zu unseren Gefühlen im Rahmen einer Selbstklärung und ein wachsendes Bewusstsein unserer Souveränität sind die Voraussetzungen, um das System komplementärer, unproduktiver Verhaltensweisen zu verlassen. Mit diesem Handwerkszeug können wir achtsamer unsere Empfindlichkeiten und »wunden Punkte« wahrnehmen, die uns leicht kränkbar und in unserer Würde verletzbar machen. Die Erwachsenen-Position eröffnet uns jedoch die Freiheit, eine verletzende Äußerung nicht als Kränkung oder Angriff zu interpretieren. Wir haben die Wahl, eine Entwertung anzunehmen oder nicht. Indem wir uns vom Verhalten unserer Eltern nicht mehr entwerten lassen, wächst auch unsere Souveränität.

Zugleich vollziehen wir einen wichtigen Perspektivenwechsel: Das Verhalten der Eltern ist entscheidend von ihrem inneren Geschehen, ihren unbewussten Ängsten, Wünschen, Bedürfnissen oder auch Minderwertigkeitsgefühlen geleitet, es ist *ihr* Anteil – unser Anteil ist das, was wir damit machen. Mit dieser Sichtweise gewinnen wir ganz wesentlich an Stärke, mit der wir auf eine Verteidigungshaltung verzichten können. Mit ihr lassen sich auch Spannungssituationen besser aushalten: Je flexibler und gelassener wir werden, desto weniger müssen wir unangenehme Gefühle mit Wut oder Rückzug abwehren, sondern können Erfahrungen damit sammeln, auch in Konfliktsituationen die aufkommenden Gefühle einfach da sein zu lassen: In der Erwachsenen-Position können sie uns nicht mehr hinterrücks überfallen, sondern stehen uns mit passablem Abstand zur Verfügung – wir entscheiden, was wir mit ihnen anfangen. Wir können zum Beispiel darauf verzichten, den anderen unbedingt von unserer Sicht überzeugen zu müssen, unterschiedliche Meinungen und Ansichten können so nebeneinander stehen bleiben.

Den Menschen hinter dem System »umarmen«

Mit dieser Haltung wird es uns auch gelingen, den unerlässlichen zweiten Teil der Formel, nämlich die »Umarmung für den Menschen«, zu vollziehen. Um ihn zu »umarmen«, müssen wir ihn häufig erst einmal hinter seinem ganzen System-Gerümpel aus Selbstschutzfassaden und Manipulationsverfahren entdecken. Das ist nicht immer einfach. Aber wenn wir erst einmal unseren Blick für die System-Anteile geschärft haben, können wir dahinter auch den Menschen mit seinen legitimen Bedürfnissen und oftmals großer Hilflosigkeit erkennen. Den Menschen in Vater und Mutter zu umarmen heißt, ihre Persönlichkeit zu akzeptieren und sie nicht ändern zu wollen. Es bedeutet, ihnen mit Achtung zu begegnen, sich um Verständnis für ihre Fehler zu bemühen und ihre positiven Seiten wahrzunehmen. Die »Umarmung für den Menschen« ist indessen nur dann eine solche, wenn sie von einem entsprechenden Gefühl geleitet ist, das aufrichtig empfunden wird – sonst ist es nichts anderes als eine Manipulationsstrategie.

Balance zwischen Distanz und Verbundenheit finden

»Eine Ohrfeige für das System und eine Umarmung für den Menschen« sind zwei miteinander verschränkte Handlungsweisen, die uns nur in dieser Kombination aus einer belastenden Systemdynamik herausführen: Ohne die Ohrfeige gewinnen wir keine Distanz und bleiben weiter manipulierbar. Ohne die Umarmung gewinnen wir keine Verbundenheit und bleiben weiter unversöhnlich.

In der Analyse unseres Dialogbeispiels hieß es, die Tochter hätte idealerweise noch einmal deutlich machen sollen, wie sehr ihr an einem Besuch der Mutter gelegen ist. Diese »Umarmung« kann nur gelingen, wenn sie den Kontaktwunsch der Mutter hinter ihren Vorwürfen, also den Menschen hinter dem System, entdeckt und würdigt. Rund wird die Sache aber erst, wenn die Tochter dem System eine Ohrfeige verpasst, indem sie sich den Schuh aus Vorwürfen, den die Mutter ihr hinstellt, nicht mehr anziehen muss – weil sie die nötige Distanz besitzt, die Bedeutung dieses Verhaltens ihrer Mutter richtig einzuordnen und es nicht »persönlich zu nehmen«.

Schwieriger wird es, wenn die Situation vom erwachsenen Kind eine konkrete Abgrenzung zu einem Elternteil verlangt. Eine Tochter, deren Mutter zum Beispiel ihr Bedürfnis nach Bedeutung über eine ständige Einmischung in die Angelegenheiten der Tochter stillt, etwa indem sie in die Kindererziehung eingreift oder in die Ehe hineinfunkt, muss klare Worte finden, um ihre persönliche Sphäre vor Übergriffen zu schützen. Wenn die Mutter ein labiles Selbstwertgefühl besitzt, wird sie darauf – so freundlich die Tochter ihr Anliegen auch übermittelt – unter Umständen mit heftiger Kränkungswut oder beleidigtem Rückzug reagieren.

Gerade bei sehr dominanten und leicht kränkbaren Eltern entwickeln Kinder häufig große Angst, Wut und Ablehnung der Eltern herauszufordern. Meist haben sie früh gelernt, derartige Klippen durch Wohlverhalten zu umschiffen. Eindeutige Abgrenzungen bedeuten für sie deshalb eine große Herausforderung, weil diese Angst auch im Erwachsenenalter lebendig bleibt. Den Systemkreislauf zu unterbrechen schließt deshalb ein, sich mit diesem Angstgefühl auseinander zu setzen und eine unangenehme Reaktion der Eltern auszuhalten, ohne wieder in die alte, vertraute Anpassungsbereitschaft zu verfallen. Hier wird besonders deutlich, wie notwendig die Basis einer erwachsenen inneren Haltung ist, die zwischen der Verantwortung für das eigene Handeln und der Verantwortung der Eltern für ihr Handeln trennen kann.

Ein schwieriges Elternverhältnis zwischen Distanz und Verbundenheit auszubalancieren, dabei innere Widerstände zu überwinden und mit ambivalenten Gefühlen fertig zu werden, gelingt sicher nicht von heute auf morgen. Mut beim Erproben und Einüben neuer Verhaltensweisen ist ebenso nötig wie Langmut beim Verarbeiten von weniger erfolgreichen Interaktionen. Wer sich an die Aufarbeitung seiner Elternbeziehung macht, wird jedoch aus diesem Prozess der Auseinandersetzung mit einem Zuwachs an menschlicher Reife und Handlungsfähigkeit – auch in vielen anderen Lebenssituationen – hervorgehen.

Nicht immer ist dies ohne Hilfe von außen zu erreichen, zumal wenn Vorwurfshaltungen, so verständlich sie auch sein mögen, erwachsene Kinder in ihrer Subjektivität festhalten. Auch die Suche nach alternativen Handlungsweisen ist oft nicht einfach, weil die Beteiligten im undurchdringlichen Dickicht eingefahrener Denk- und Verhaltensmuster ihrer speziellen Eltern-Kind-Problematik feststecken. Eine individuelle Bearbeitung des Einzelfalls mit therapeutischer Unterstützung kann hier – oftmals schon nach wenigen Sitzungen – neue Einsichten und Anstöße zur Veränderung von Denk- und Handlungsmustern geben, die Buchinformationen oder Gespräche mit anderen Außenstehenden nicht leisten können.

Beziehungsabbruch

Kinder können ihre Eltern nicht »loswerden«, sosehr sie sich dies manchmal wünschen mögen. Die abgebrochene ist eine unabgeschlossene Beziehung und bleibt deshalb auf belastende Weise in uns lebendig. Für manche Kinder kann es nach schwerer Misshandlung oder angesichts fortgesetzt schädigenden Verhaltens der Eltern angebracht sein, den persönlichen Kontakt stark einzuschränken, vielleicht (streckenweise) ganz aufzugeben, um vor weiteren Verletzungen geschützt zu sein und sich einen Freiraum für die eigene Entwicklung zu sichern. Eine solche Einschränkung sollte nicht bedeuten, die Elternbeziehung unaufgearbeitet zu lassen.

Nicht immer ist eine innere Aussöhnung, die auch Verzeihen beinhaltet, möglich. Aber auch eine von traumatischen Erfahrungen belastete Beziehung lässt sich unter therapeutischer Mithilfe klären und abschließen, um offen für die eigene Zukunft zu werden.

Vor einer ähnlich schwierigen Aufgabe stehen auch Kinder, deren Eltern eine Aussöhnung verweigern. Auch sie können bewusst für eine bestimmte Zeitspanne eine Beziehungspause einlegen und sich nach dieser Ruhephase an die Eltern wenden, um ihnen zu sagen oder zu schreiben, wie wichtig ihnen die Beziehung, wie sehr ihnen an einer Versöhnung gelegen ist. Bleiben die Eltern hart und unzugänglich oder sind sie nur unter unannehmbaren Bedingungen dazu bereit – etwa, wenn das erwachsene Kind weiterhin keine innere Eigenständigkeit entwickeln darf –, müssen Sohn oder Tochter lernen, die Haltung der Eltern zu akzeptieren.

Dazu gehört, darüber zu trauern, dass die Eltern keine Versöhnungsfähigkeit entwickeln konnten, aber auch, das Bild des »schlechten Sohnes« oder der »schlechten Tochter«, das die Eltern so unüberwindlich vor sich aufgebaut haben, nicht für sich zu übernehmen: Sich zu versöhnen bedeutet den anderen mit Vor-und Nachteilen anzunehmen. Wer das nicht vermag, hat diese Entscheidung vor sich zu verantworten. Den Kindern unversöhnlicher Eltern steht indessen offen, das Positive, das sie von ihren Eltern auch erfahren haben, zu sehen und dadurch allmählich eine differenzierte, emotional ausgeglichene Haltung ohne Scham, Verbitterung oder Überheblichkeit zu entwickeln.

»Das Alte loslassen und frei werden für einen Neuanfang«
Gespräch mit der Psychotherapeutin Irmin Grube-Eckhard, Hamburg

Sie haben in Ihrer therapeutischen Praxis viel Erfahrung mit Menschen gesammelt, die familiäre Gewalt erlebten. Sich mit den Eltern auszusöhnen und ihnen auch verzeihen zu können ist in diesen Fällen wohl besonders schwer.

Sicherlich! Dennoch gilt – unabhängig davon, was ich für Eltern hatte, ob ich sehr viel körperliche oder sexuelle Gewalt erlebt habe oder schwer vernachlässigt oder zur Adoption freigegeben wurde: Wenn ich als Erwachsener wirklich in innerem Frieden mit mir leben will, muss ich mich meiner Realität stellen. Das Endziel ist die Versöhnung mit meinem Schicksal, also auch anzuerkennen, genau diese Eltern gehabt zu haben.

Das ist ein längerer Prozess, der damit beginnt, genau hinzuschauen: Was ist an Verletzung da? Was war früher? Was ist *jetzt* davon noch relevant? Versöhnung lässt sich nicht innerhalb von vier Wochen erreichen und nicht in jeder Lebensphase: Ein misshandelter 17-Jähriger kann und soll noch nicht verzeihen. Er muss sich in diesem Alter durch Abgrenzung schützen und erst einmal auf eigene Füße stellen. Je mehr ein Mensch sein eigenes Leben in die Hand nimmt, desto mehr kann er das Alte loslassen. Mit 35 oder 45 Jahren ist ein guter Zeitpunkt gekommen, sich zu fragen: Was war wohl damals mit meinem Vater los, was könnte ihn zur Misshandlung veranlasst haben? Ich kann vielleicht erkennen: Auch er hatte es schwer im Leben. Wenn ich selber Kinder bekomme, wird ein Verzeihen leichter, weil ich sehe, dass ich selber als Mutter oder Vater nur relativ gut bin. Manches gelingt, anderes nicht.

Soll man die Eltern mit der eigenen Sicht der belasteten Vergangenheit konfrontieren?

Ich halte es für sinnvoll, das, was gewesen ist, beim Namen zu nennen. Wenn es möglich ist, sollte es den Eltern gegenüber direkt angesprochen werden. Ich finde, es gehört zum Elternsein dazu, sich der Kritik der eigenen Kinder zu stellen. Eine gute Übung, um zu sehen, was noch mit den Eltern offen ist, ist die Vorstellung, diese würden sterben und ich könnte sie nur noch einmal sehen. Wenn ich mir für diese Vorstellung etwas Zeit lasse, mich mit diesem fiktiven Gespräch einige Wochen beschäftige, wird mir klar, was ich ihnen noch mitteilen möchte. Was hat mich damals total gekränkt oder mir wehgetan? Was hat mich ohnmächtig gemacht oder bereitet mir noch heute schlaflose Nächte? Vielleicht kommt an dieser Stelle auch schon der Gedanke: Wofür fühle ich Anerkennung oder Dankbarkeit gegenüber meinen Eltern? Ich kann alles für mich aufschreiben, auf Kassette aufnehmen oder Bilder dazu malen – ich kann es auch meinen Eltern direkt sagen.

Dabei besteht aber die Gefahr, in eine Vorwurfshaltung abzugleiten und sich unversehens in der Rolle des wütenden, gekränkten, anklagenden Kindes wiederzufinden.

Es kann sein, dass es im Rahmen dieser Auseinandersetzung auch mal zu Vorwürfen kommt. Warum denn nicht? Wir sind doch normale Menschen. Aber es ist nicht das Ziel, bei diesen Vorwürfen stehen zu bleiben und immer nur nach hinten zu schauen. Ich muss nicht jeden einzelnen Streit und jede Misshandlung wieder hervorholen. Aber ich halte es für notwendig, die Dinge offen anzusprechen, beim Namen zu nennen. Wenn man in diesem Prozess ist, kann man nicht immer den nötigen inneren Abstand haben. Es gibt Therapieverläufe, bei denen es zunächst zu einem Kontaktabbruch zu den Eltern kommt, wo drei Monate Funkstille herrschen oder auch mal ein Jahr. Dann schaue ich nach vorne und nutze diese Zeit, um das eigene Leben aufzubauen. Wenn ich rechtzeitig mit der Auseinandersetzung mit meinen Eltern anfange, habe ich die Chance, mich noch zu ihren Lebzeiten nach diesem Prozess wieder annähern zu können, ihnen vielleicht auch verzeihen zu können – auf jeden Fall mein Schicksal anzunehmen.

Eltern sind für eine Aussprache aber nicht immer aufgeschlossen.

Vielleicht kann ich einschätzen, ob meine Eltern für eine Aussprache offen sind. Ich kann es auch einfach probieren. Wenn es nicht oder noch nicht geht, gibt es andere hoch effektive Formen der Aufarbeitung – die Arbeit mit inneren Bildern. Ausgangspunkt ist dabei die Frage: Wie würde die »gute Mutter« für mich aussehen? Um dem nachzugehen, sollte man der Fantasie viel Freiraum und Zeit geben: Die »gute« oder »ideale« Mutter würde das, was ich ihr sagen möchte, aufnehmen. Sie würde sagen, vielen Dank, dass du mir das erzählt hast. Sie würde mich wertschätzen und deutlich machen, wie zufrieden sie mit mir ist.

Damit schaffe ich ein Gegengewicht zur realen Mutter. Das Bild einer liebevollen, annehmenden Mutter, nach der ich mich so gesehnt habe, schaffe ich mir in Gedanken selber. Ich entwickle ein inneres Bild von einer guten Mutter, die mich nährt und stützt. Ich kann ihr einen Namen geben, sie zum Beispiel »meine innere Helferin« nennen. Ich entwickle mir meine eigene Ressource, mache mich dadurch unabhängig von der realen Mutter. Das ist Erwachsenwerden, Nach-vorne-Schauen und tut gut!

Und was mache ich mit dem Vater?

Hier kann ich ganz ähnlich vorgehen. Die Aufgaben eines Vaters liegen darin, dem Kind Orientierung zu geben, es an die Hand zu nehmen, ihm die Welt zu zeigen und ihm zu vermitteln: Gehe hinaus ins Leben, mein liebes Kind, du schaffst es, traue dich! Wenn ich einen Vater hatte, der sich nicht um mich gekümmert hat, der mich körperlich oder sexuell misshandelt hat, dann stelle ich mir einen »guten Vater« vor, der genau die Sätze sagt, die ich so gerne vom realen Vater gehört hätte: Du bist gut, so, wie du bist, du wirst dein Leben schon meistern. Es kann sein, dass noch einmal Schmerz darüber entsteht, diese guten Eltern nicht real gehabt zu haben. Dann nehme ich diesen Schmerz wahr, gebe ihm Raum und Zeit, um mich danach von ihm verabschieden zu können. Dazu gehört auch die Frage: Was will ich von meinen realen Eltern wahren und behalten – und was kann ich auch getrost loslassen oder ihnen innerlich zurückgeben? Mein Blick ist damit nicht mehr starr nach hinten gerichtet auf das, was früher war, sondern nach vorne. Ich gebe dem, was mir gefehlt hat, einen Platz in meinem Inneren, indem ich das Gewünschte selbst initiiere.

Als Unterstützung kann ich in die Natur gehen, mich von diesen »guten inneren Eltern« inspirieren lassen und Symbole dafür finden. Vielleicht einen besonderen Stein oder ein außergewöhnlich geformtes Stück Holz, das ich an einem schönen Platz in meinem jetzigen Zuhause hinlege.

Dann tragen diese inneren Bilder auch zur Versöhnung bei?

Auf jeden Fall! Ich verlasse die Rolle des ohnmächtigen Kindes, das alles erträgt, bloß um zu überleben. Ich erkenne an, dass ich nun erwachsen und für mein Leben verantwortlich bin und dieses Leben aus eigener Kraft – unabhängig von dem, was ich als Kind erlebt habe – gestalten und lieben lernen kann.

Helfen die inneren Bilder auch, darum zu trauen, dass mir meine Eltern bestimmte Dinge nicht geben konnten?

Ja. Es ist sehr heilend, wenn ich es schaffe, alle aufkommenden Gefühle anzunehmen und mir dabei zu sagen: Das gehört zu dieser Auseinandersetzung dazu. Wer durch diese Gefühle hindurchgeht, kann auch von den sosehr vermissten Dingen Abschied nehmen. Wenn ich eine Weile darum getrauert habe, dass ich genau diese Eltern hatte und eben keine anderen, komme ich häufig sogar an den Punkt, an dem ich auch bei meinen realen Eltern Positives sehen kann. Dann tauchen plötzlich freundliche Bilder auf, Momente, die schön waren: Einmal, als es mir schlecht ging, hat meine Mutter mich im Krankenhaus besucht oder mein Vater hat mir das Fahrradflicken gezeigt oder sie haben dafür gesorgt, dass ich täglich etwas zu essen hatte. Dann nehme ich mir für diese Erinnerungen Zeit, spüre nach, wie es sich jetzt anfühlt, sich daran zu erinnern, oder wie ich mich damals gefreut habe. Vielleicht fällt mir auch ein: Meine Mutter hatte so schöne Beine, die habe ich wohl von ihr geerbt – und die guten Zähne von meinem Vater. Wenn ich immer alles von meinen realen Eltern verneine, verneine ich auch immer einen Teil von mir!

Ich arbeite in diesem Zusammenhang gerne mit dem Bild einer Waage. Je einseitiger ich mit Negativem hantiere, desto mehr gerät die Waage aus dem Gleichgewicht. Um dieses wiederherzustellen, konzentriere ich mich auf die andere Seite, das Positive. Das gilt übrigens für beide Richtungen. Wenn ich meine Eltern immer nur gut und toll fand, ist die Waage auch nicht im Gleichgewicht, denn jeder hat auch seine Schattenseiten.

Die inneren Bilder stehen im starken Kontrast zum Bild der realen Eltern. Gibt es eine Möglichkeit, da eine Brücke zu bauen?

Es gibt hilfreiche Übungen, diese Brücken zu bauen, um ins eigene Gleichgewicht zu kommen. Ich kann mir zum Beispiel vorstellen, dass ich eine Brille habe, durch die ich nur Gutes sehen kann. Diese Brille setze ich in der Fantasie für eine Minute auf und versuche etwas zu entdecken, was mir an meinen realen Eltern gefällt oder gefallen hat. Nur diese eine Minute erlaube ich mir, mich nur mit dem Guten von ihnen zu beschäftigen. Es wird mir etwas einfallen – und wenn es nur ist, dass sie mir mein Leben gegeben haben. Vielleicht entsteht an dieser Stelle ein Gefühl der Dankbarkeit. So kann sich mein eigener Blickwinkel verändern.

Ähnlich wie Eltern sich leider häufig hauptsächlich mit dem beschäftigen, was ihnen an ihren Kindern nicht gefällt, so machen es erwachsene Kinder auch oft mit ihren Eltern. Ich kann mir aber sagen: Ich selbst bin auch nicht perfekt. Die Eltern mit ihren guten und schwierigen Seiten anzunehmen heißt letztendlich auch, mich mit meinen guten und schlechten Seiten anzunehmen, und beides gehört zum Loslassen der realen Eltern und zum Erwachsenwerden dazu.

Die Eltern also zu sehen, wie sie sind, ohne über sie enttäuscht oder wütend auf sie zu sein.

Genau, das ist das Ziel. Wenn ich immer wieder sage, ihr seid schuld, dass ich Alkoholikerin geworden bin oder dieses und jenes im Leben nicht erreicht habe, weil ihr mich so schlecht behandelt habt, dann bleibe ich in der Abhängigkeit zu ihnen, dann bleibe ich auf der Kind-Ebene, auch wenn ich schon 45 bin.

Was halten Sie von dem Verfahren, den Eltern in einer symbolischen Handlung die seelische Last zurückzugeben, die man als Kind von ihnen aufgebürdet bekommen hat?

Rituale sind häufig sinnvoll und sehr effektiv, denn sie können ein außerordentlich großer Schritt zur eigenen Heilung sein. Sie werden im geschützten therapeutischen Rahmen vollzogen und nicht gegenüber den realen Eltern. Ich erinnere mich an eine Patientin, die bei einer Familienaufstellung den Stellvertretern ihrer Mutter und deren Bruder einen schweren Sandsack symbolisch für das viele Schwere zurückgab, das sie als Kind getragen hatte. Der Bruder ihrer Mutter war als Kind tödlich verunglückt und die Mutter über sehr lange Zeit in einem tiefen Schmerz gefangen. Das spürt ein Kind, und es will, dass es der Mutter gut geht, es strengt sich unheimlich an und ist damit überfordert. Die symbolische Rückgabe dieser Last in Form des Sandkissens war für die Patientin sehr entlastend. Dieser Akt war eine Ganzkörpererfahrung, die in unserem Gehirn besser gespeichert bleibt als eine rein gedankliche Auseinandersetzung. Zu sagen, ich nehme vieles Gute von dir mit, Mutter oder Vater, und gebe dir das Schwere zurück, kann wundervoll befreiend sein. Es ist lösungsorientiert und zeigt auf, dass ich mich als Erwachsene jetzt von dem Schweren meiner Kindheit frei machen kann und mit beiden Beinen in der Gegenwart stehe.

Claudia (49): »Ich habe meine gestörte Mutterbeziehung akzeptiert«

Wenn der Zeitgeist Ende der 60er nicht so eindeutig gewesen wäre, sich gegen jede unangemessene Autorität zur Wehr zu setzen und gegen den Stachel zu löcken, hätte ich nie dieses Bombenselbstbewusstsein gehabt, meinen Weg zu gehen. Diese rigide Loslösung von zu Hause, die wir alle drei – meine ältere Schwester, mein jüngerer Bruder und ich – betrieben haben, war nur in diesem Zeitgeist möglich.

Meine Eltern gehörten zur kriegsgeschädigten Generation. Mein Vater spielte virtuos Klavier, hatte nach der Schule am Kölner Konservatorium eine Gesangsausbildung begonnen und träumte von einer Karriere als Bariton. Als er nach zehn Jahren Krieg und Gefangenschaft wieder nach Hause kam, war seine Opernkarriere hin und meine Mutter dreimal ausgebombt.

Sexualität war immer enorm tabuisiert in unserer Familie und ich denke auch, dass es diesbezüglich nicht gut bei meinen Eltern lief. Mein Vater war ein ausgesprochen schöner Mann, geradezu mädchenhaft schön. Ich weiß nicht, ob er homosexuell war, aber ich glaube, dass er meiner Mutter gegenüber immer Schuldgefühle hatte und dass die Gründe dafür in ihrer sexuellen Beziehung lagen. Ich könnte mir vorstellen, dass er sie nie wirklich begehrt hat. Meine Eltern haben also alle Versuche von uns, ein Recht auf Sexualität einzuklagen, massiv abgewehrt. In dieser Minirockphase hatte mein Vater meiner Schwester ein Ultimatum gestellt, wenn sie die Röcke nicht um zehn Zentimeter verlängert, schmeißt er ihre ganzen Klamotten weg. Meine Schwester hat das nicht gemacht und dann hat er wirklich ihren ganzen Kleiderschrank ausgeräumt, die Klamotten die Treppe runtergeschmissen und sie verprügelt. Mit 17. Da ist meine Schwester ausgezogen.

Es war eine Kampfstimmung in unserer Familie, die war nicht zu überbieten. Die beiden letzten Jahre bis zu meinem Abitur waren so knallhart, ich hab meinen Eltern immer angedroht, ich geh zum Jugendamt und lass mir den Auszug bezahlen. Und sie haben mich auch mit allem Möglichen unter Druck gesetzt. Im letzten Schuljahr hatte ich einen Freund und meine Mutter fand zufällig die Pille bei mir im Schrank. Da ist sie total ausgeflippt, hat tagelang getobt, vor allem, als ich kein Unrechtsbewusstsein zeigte. Sie hat mir mit 17 das letzte Mal eine runtergehauen, da habe ich gesagt, das nächste Mal kriegst du eine wieder, da kannst du aber sicher sein. Ich zumindest hab sie gehasst. Sie hatte die Angewohnheit, tagelang nicht mit einem zu reden, wenn man sich nicht wohl verhielt. Ignorierte einen total. Dann hat sie eine Zeit lang mit Ohnmachtsanfällen operiert. Wenn wir nicht so taten, wie wir sollten, litt sie so daran, dass sie umfiel. Mein Vater gab vor, das nicht zu durchschauen, aber ich bin überzeugt, dass sie eine Schau abgezogen hat. Jemand, der in Ohnmacht fällt, der fällt um. Meine Mutter fiel immer aufs Sofa. Die hat sich nie wehgetan, war noch dekorativ dabei. Das war verlogen von vorne bis hinten.

Permanent hat sie uns Kindern ein schlechtes Gewissen gemacht. Das ist auch heute noch so: Sie fragt dich oder sie sagt etwas, lässt so Versuchsballons steigen und du weißt ganz genau, wie immer du reagierst, es wird dir böse ausgelegt, sie dreht dir 'nen Strick draus. Sie hat eigentlich nie klar kommuniziert, nie gesagt, was sie eigentlich wollte. Und was das Ganze vollends unerträglich macht: Meine Mutter verleumdet und lügt hemmungslos, wenn es ihr in den Kram passt. Sie steigert sich dermaßen da rein, dass sie glaubt, sie sei im Recht und sagt die Wahrheit. Das Verhältnis zwischen ihr und uns war dann irgendwann auch total verhärtet.

Der Gipfel war ein Zerwürfnis vor zehn Jahren, nach dem ich fast jeden Kontakt zu ihr abgebrochen habe. Wir sind bei einem Streit beide ziemlich ausgerastet und haben uns alles Mögliche an den Kopf geworfen. Danach hat sie meinen Geschwistern, ihrem Arzt, sämtlichen Freunden, der ganzen Nachbarschaft erzählt, ich hätte sie geschlagen. Da war es wirklich aus. Mein Bruder hat ihr nach einer Weile gesagt, er habe dieses Theater satt und dass der Kontakt mit ihm auch erheblich leiden würde, wenn sie nicht einlenkt. Nach knapp zwei Jahren absoluter Funkstille hat sie bei mir angerufen und so getan, als ob nichts gewesen wäre. Seitdem haben wir wieder Kontakt, aber lange nur extrem distanziert. Später hat sie dann einmal behauptet: Ich sage ja nie ein böses Wort über meine Kinder! Ich habe knochentrocken geantwortet: Aber Hans und Franz erzählst du, deine Tochter prügelt ihre alte Mutter. Nach einer Pause sagte sie dann: Hast du ja auch. Da bin ich an die Decke gegangen und hab gebrüllt am Telefon: Du weißt ganz genau, was das für eine beschissene Lüge ist. Und dann hat sie gesagt: Ich hab's aber so empfunden. So, Mutter, hab ich gesagt, jetzt sind wir genau an dem Punkt. Wir alle mussten für Wahrheit nehmen, was du empfunden hast. Und du hast uns so lange gequält, bis wir sagten, es ist rot, auch wenn wir gesehen haben, es ist grün. Hauptsache, du hattest Recht. Ich muss sagen, ich hab meine Mutter auch das Fürchten gelehrt, vor meinen Wutausbrüchen hat sie Angst. Ich schrei sie an, dass die Wände wackeln, und mein Bruder auch. Vor allem, wenn sie lügt.

Meine Mutter hatte einen Bruder, der das absolute Lieblingskind ihrer Mutter war. Der ist sozusagen aufs Gymnasium getragen worden und meine Mutter durfte nur auf die Handelsschule, sie war ja nur ein Mädchen. Und während der Sohn durch die Nachbarschaft vögelte, was alle wussten und tolerierten oder übersahen, wurde die Tochter moralisch rigide erzogen, durfte mit 20 keinen Lippenstift benutzen, keine schicken Kleider tragen und kriegte auch noch eine profunde Ausbildung verweigert. Das ist die große Kränkung meiner Mutter und sie hat nie kapiert, dass man sich mit seiner Vergangenheit auseinander setzen und sie irgendwann abschließen muss. In ihrer eigenen Familie hat sie dann versucht, ihre Kindheitskränkungen gutzumachen. Wir sollten sie lieben und all ihre Macken tolerieren, sie wollte von uns entschädigt werden für das, was ihr entgangen war. Die Liebe meiner Mutter war so zwiespältig und kaputt, und ich bin ziemlich sicher, dass ich heute nur deshalb so vital und lebensfroh bin, weil ich von meinem Vater uneingeschränkt geliebt wurde.

Kurz vor meinem Abitur bekam er mit 53 Jahren den ersten Schlaganfall, im folgenden Jahr einen weiteren und der dritte hat ihn endgültig zum Pflegefall gemacht. Meine Mutter hat ihn dann 20 Jahre bis zu seinem Tod gepflegt. Sie musste ständig darauf achten, dass er sich nicht wund liegt. Nachher hatte er alle Gliedmaßen so verkrampft, dass seine Nägel in die Handflächen schnitten. Zum Schluss war es so, dass ich nur heulend von meinen Eltern weggefahren bin, weil ich dachte, warum muss er bloß so elend leiden. Meine Mutter hat das bis zum Schluss getragen, sie hat ihn nicht ins Pflegeheim abgeschoben. Das rechne ich ihr hoch an. Aber sie hat die ganze Bitterkeit über dieses Leben uns drei Kindern vor die Füße gekarrt. Sie hat kein gutes Haar an uns gelassen, hat uns überall unmöglich gemacht, wir waren die letzten Rabenkinder und haben uns aus ihrer Sicht um nichts anderes gekümmert als um unser eigenes Leben. Ich denke, dass die zweite große Enttäuschung in ihrem Leben ist, dass wir alle aus dem Haus gegangen sind und nicht zurückkamen, als mein Vater zum Pflegefall wurde, und sie musste mit der Situation allein fertig werden. Im Gegensatz zu früher sehe ich heute diese Riesenbelastung, die sie durch die Erkrankung tragen musste, viel realistischer.

Sie hat auch dafür gesorgt, dass ich aufs Gymnasium kam. Das ist ein ganz wichtiger Punkt und sicher auch ein Grund, dass ich meinen Frieden mit ihr mache. Meine Schwester war eine so genannte Hochbegabte und ging selbstverständlich aufs Gymnasium. Ich war in der Grundschule keine besonders gute Schülerin und mein Vater befand, ich wäre ja so eine Niedliche, die sowieso ganz früh heiratet. Da hat sich meine Mutter eines der wenigen

Male durchgesetzt. Das, was man ihr verwehrt hatte, sollte man mir nicht verwehren. Aber als ich es dann hatte und auch genutzt hab, da hat sie es mir heftig geneidet. Ich habe drei Kinder großgezogen, habe eine akademische Laufbahn, hab den Doktortitel und seit 29 Jahren eine tragfähige Partnerbeziehung. Sie hat immer nur gesehen, was sie alles nicht hatte, aber nicht, was ich dafür einsetzen musste.

Seit etwa zwei Jahren fühle ich mich frei von meiner Mutter. Ganz wesentlich hat dazu mein beruflicher Neuanfang vor einigen Jahren beigetragen. Ich glaube, dass ich die wirtschaftliche und auch emotionale Abhängigkeit von meinem Mann in gewisser Weise als Wiederholung erlebt habe. Eigentlich ist das lächerlich, denn er hat mich nie gegängelt. Aber ich hatte eben den Anspruch, so unabhängig zu sein, dass ich meine Kinder sogar allein ernähren könnte. Seit ich das erreicht habe, ist so ein Angstkomplex geschmolzen. Durch die Berufstätigkeit ist eine Unabhängigkeit gewachsen, die mir eine andere Perspektive auf die Beziehung zu meiner Mutter eröffnet hat. Ich glaube, solange ich extrem abhängig war – und als Mutter kleiner Kinder ist man extrem abhängig –, habe ich überempfindlich auf alle Forderungen von ihr reagiert, meine Kinderrolle weiterzuspielen. So nach dem Motto, ich erfülle schon genug Ansprüche, ich hab keine Lust, auch noch deine alten Spielchen zu spielen, und schon waren wir wieder voll im Clinch.

Als Nur-Hausfrau bin ich jahrelang alle sechs bis acht Wochen unter Riesenanstrengung die weite Strecke zu meinen Eltern gefahren. Und ich hab sie gehasst, diese Fahrten nach Hause. Heute fahre ich dreimal im Jahr. Ich habe früher oft angerufen, obwohl die Gespräche unproduktiv waren – aus Schuldgefühl heraus und nicht, weil ich mit ihr sprechen wollte. Wenn ich es jetzt tue, melde ich mich freundlich, während ich gleichzeitig signalisiere: Wenn du mich anmoserst, wird es ein ganz kurzes Gespräch. Ich hab ihr auch gesagt, ein Telefon ist von zwei Seiten zu bedienen, denn sie ruft so gut wie nie an. Ich habe ganz lange Sehnsucht nach einem besseren Verhältnis zu meiner Mutter gehabt. Und gerade diese Sehnsucht hat mich abhängig gemacht. Seit ich sie begraben konnte, bin ich unabhängig. Mein Mann hat mir so oft gesagt: Lass du sie doch los! Hör auf zu erwarten, dass es sich ändert! Es ist an mir abgeprallt, ich hab es gar nicht verstanden. Ich habe den Schritt selber vollziehen müssen, nicht mehr zu erwarten, dass diese für mich so schmerzhafte Beziehung sich ins Gute wendet. Ich habe gelernt zu akzeptieren, dass ich eine gestörte, sehr verletzte Mutterbeziehung habe.

Und seitdem ist die Beziehung so positiv wie seit vier Jahrzehnten nicht mehr. Auch Trotz hat dabei eine Rolle gespielt: Ich werde nächstes Jahr 50 und das Thema will ich weitgehend vorher abgeschlossen haben. So lange bin ich hinter ihr hergedackelt, fast gekrochen, und hab darum gebettelt, dass sie endlich zugibt, dass ich keine miese, beschissene, extrem undankbare Tochter bin – so lange! Jetzt bin ich an einem Punkt, wo es mich nicht mehr belastet. Sie hat mich wirklich schikaniert bis über 45 mit ihren Vorwürfen. Seit sie spürt, sie kann teufeln, so viel sie will, es trifft mich nicht mehr, tut sie es nicht. Komischerweise spuckt sie seither Töne, die ihr 30 Jahre nicht über die Lippen gekommen sind. Sie hat anerkennend wahrgenommen, dass ich sehr viel arbeite. Sie hat gesagt, ich hätte ja ein völlig anderes Verhältnis zu meinen Kindern, als sie es zu ihren gehabt hat. Und ich konnte auf den Triumph verzichten, zu sagen: Ich kann dir auch detailliert erklären, woran es liegt. Es ist stehen geblieben im Raum und ich habe mich bei ihr sogar bedankt dafür, dass sie das sieht.

Schuldbewusstsein

Herr Wegner ist spät dran. Ungeduldig wirft er die Aktentasche auf den Rücksitz seines Autos, in Gedanken ist er schon am Arbeitsplatz. Schwungvoll prescht er mit dem Wagen aus der Hauseinfahrt, hoffentlich gibt's keinen Stau. Die Gestalt auf dem Fahrrad sieht er erst, als es schon zu spät ist. Herr Wegner springt aus dem Auto, hilft dem Jungen auf, dessen Fahrrad verbeult neben seinem Auto liegt. Gott sei Dank, zwei aufgeschürfte Hände sind offenbar die einzigen Verletzungen. Herr Wegner stellt das Fahrrad unter, fährt den Jungen zur Schule und lässt sich die Telefonnummer der Eltern geben. Vom Büro aus ruft er bei ihnen an, am Abend wird er vorbeikommen und alles besprechen. Es tut ihm sehr Leid, ein Glück, dass nichts weiter passiert ist.

Herr Wegner, so zeigt der Vorfall, verfügt über ein wichtiges Element sozialer Kompetenz: Sein Schuldbewusstsein – die Anerkenntnis, jemand anderem Schaden zugefügt zu haben – hat ihn verantwortungsvoll handeln lassen. Damit hat er auch sich selbst einen Gefallen getan, er hat sein »gutes Gewissen« wiederhergestellt.

Kindliche Schuldgefühle

In der Anfangszeit unserer Entwicklung sind wir vielen heftigen Gefühlen ausgesetzt und müssen den Umgang mit ihnen erst lernen. Das gilt nicht nur für Angst, Wut und Traurigkeit, sondern auch für Schuldgefühle, bei deren Verarbeitung Kinder häufig allein gelassen sind – weil es Eltern an Einfühlung mangelt, wenn sie in ihrem Ärger mit sich selbst beschäftigt sind, vielleicht auch, weil sich Schuldgefühle als praktischer Erziehungshelfer anbieten.

Kinder sind für Schuldgefühle eine leichte Beute. Vieles, was sich in ihrem familiären Umfeld ereignet, ist für sie nicht in seinen tatsächlichen Ursachen zu erkennen. Die Undurchsichtigkeit der wahren Hintergründe trägt oft dazu bei, dass sie sich für etwas schuldig fühlen, das außerhalb ihrer Verantwortung liegt. Kinder entwickeln zum Beispiel Schuldgefühle, wenn Eltern sich häufig streiten – vor allem wenn die Konflikte der Eltern über das Kind als Streitgegenstand ausgetragen werden und es sich somit direkt ins Zentrum der elterlichen Auseinandersetzungen gestellt sieht. Auch wenn ein Elternteil die Familie verlässt, können Kinder zu dem Schluss kommen, dies sei geschehen, weil sie nicht artig waren, nicht liebenswert sind. Selbst Vorstellungen und Wünsche können mit zufälligen Ereignissen in einen »logischen« schuldhaften Zusammenhang gebracht werden: Das Kind war wütend auf die Mutter, und jetzt ist sie krank geworden. Schuldgefühle, die aus solchen Fantasien erwachsen, können das Selbstbild unter Umständen nachhaltig beeinträchtigen.

Bestrafung, Abwertung, übergroße Strenge und Kontrolle fördern ein intensives schuldhaftes Selbsterleben. Im Kind entsteht der Eindruck, böse und schlecht zu sein. Dieses Gefühl nährt die Urangst, verstoßen oder verlassen zu werden. Unbewusst wagen Kinder oft nicht, ihre Wut und Empörung gegen die Eltern zu richten, weil diese Gefühle die Distanz zu ihnen und somit die Gefahr des Alleingelassenwerdens noch vergrößern. Bei diesem Vorgang spielt auch das »magische Denken« von Kindern eine Rolle: Was ich vom anderen denke, denkt er auch von mir; wenn ich ihn hasse, muss er mich auch hassen! In der kindlichen Psyche werden die Aggressionen daher oft in Schuldgefühle verwandelt, um Schutz und Liebe der strafenden Eltern nicht völlig aufs Spiel zu setzen: besser Schuldgefühle als Verlassenheitsängste.

Irrationale Schuldgefühle

Wer als Kind häufig großem Schulddruck ausgesetzt war, wird mit großer Wahrscheinlichkeit auch im späteren Leben von Schuldgefühlen bedrängt und gelenkt, die rational kaum begründbar sind und in keinem Verhältnis zum – oft geringfügigen – Anlass stehen. Unter dem Eindruck unverarbeiteter Schuldgefühle leidet auch das Selbstwertgefühl, was Schuldgefühlen eine weitere Angriffsfläche bietet. Diese teils bewussten, vielfach aber unbewussten irrationalen Empfindungen von Schuld sind nicht mit dem angemessenen Schuldempfinden zu verwechseln, das Menschen – wie im Beispiel von Herrn Wegner – befähigt, eine Schuld rational *und* emotional wirklichkeitsgerecht einzuschätzen und das Handeln darauf abzustimmen.

Wenn jemand während vieler Gelegenheiten bei der Verarbeitung von Schuld überfordert wurde, reagiert sein Schuldempfinden in ähnlichen Situationen häufig übersensibel. Schuldgefühle können ohne einen erkennbaren ursächlichen Zusammenhang entstehen, wie das Zitat aus einem Fallbeispiel des Psychoanalytikers Horst-Eberhard Richter zeigt: »›Wenn ich bei meiner Mutter auf dem Schoß saß, hatte ich immer Angst, ihr wehzutun. Wenn sie Kopfweh hatte, dachte ich, ich hätte sie geärgert. Wenn sie weinte, gab ich mir dafür die Schuld.‹ (…) Frau M. hatte stets ein schlechtes Gewissen, wenn sie mal an ein eigenes Vergnügen dachte. Als sie zum ersten Mal mit ihrem späteren Mann ausgehen wollte, brachte sie dies erst fertig, nachdem sie vorher noch der Mutter die Wäsche gewaschen hatte, obwohl dies gar nicht dringend gewesen wäre.«[20]

Irrationale Schuldgefühle haben in der Beziehung vieler erwachsener Kinder zu den Eltern einen angestammten Platz: weil man den wöchentlichen – oder täglichen – Anruf vergessen hat, weil man ein Treffen absagen muss, weil man mit Enttäuschung oder Missbilligung konfrontiert ist und vieles mehr. Wie sehr diese Gefühle unser Denken und Handeln beeinflussen können, zeigt sich gerade in jenen Situationen, in denen sich eigentlich überhaupt kein eigenes Verschulden ausmachen lässt. Der Gesprächspartner ist lediglich einsilbig. Wenn man nachfragt, »hat er nichts«. Eine Einladung kann plötzlich nicht mehr angenommen werden: »Das ist mir zu anstrengend.« Ein zuvor dankbar angenommenes Angebot wird unerwartet abgelehnt: »Ist nicht mehr nötig.« Unser Gegenüber verfällt in viel sagendes Schweigen oder bekommt wieder seine akuten Herzbeschwerden. Schnell sind wir dann bereit, uns »automatisch« dafür verantwortlich zu fühlen. Verärgerung oder sogar Wut über die erfolgreiche Beeinflussung erreicht unser Bewusstsein oft erst später.

Schuldgefühle als Mittel der Beeinflussung

Das Verursachen von Schuldgefühlen ist für den Schuldzuweisenden aus verschiedenen Gründen von Nutzen:

1. Wer Schuldgefühle hat, muss fraglos ein Täter sein, der dem anderen einen Schaden zugefügt hat. Wer anderen Schuldgefühle vermittelt, kann sich selbst als Opfer definieren. Diese Selbstsicht als Opfer entlastet von eigenen Schuldgefühlen und ermöglicht, sich aus der Verantwor-

tung für das interaktive Geschehen herauszuziehen. Wer Opfer ist, ist nicht nur im Recht, sondern auch unantastbar und kann aus der moralischen Ecke heraus auf den »Täter« Druck ausüben. Manchmal werden dafür auch noch Dritte eingespannt: »Vati macht sich solche Sorgen, weil du so lange nichts von dir hast hören lassen!«

2. Schuldgefühle machen manipulierbar. Mit einem »schlechten Gewissen« steht der »Schuldige« in der Verantwortung. Es macht ihn geneigt, alles zu unterlassen, was den anderen kränken, ärgern, ihm missfallen könnte. Er wird dadurch zum »Schuldpartner«, der das Spiel mitspielt, das nach den Regeln des Schuldzuweisenden abläuft.
3. Schuldgefühle binden. Wer Schuldgefühle empfindet, ist durch sie an den Schuldzuweisenden gebunden, weil er zur Wiedergutmachung eines schuldhaften Verhaltens dem anderen gegenüber verpflichtet ist. Diese Bindungseigenschaft ist ein ganz wesentlicher, meist unbewusster Grund für viele Menschen, in emotional engen Beziehungen mit Schuldzuweisungen zu operieren, weil damit der Fortbestand der Beziehung abgesichert werden kann.
4. Schuldzuweisungen besitzen oft eine Appellfunktion. Viele Menschen haben in ihrem Leben – meist in der »grauen Vorzeit« ihrer Existenz – erfahren, dass das offene Äußern von Gedanken, Wünschen und Bedürfnissen negative Reaktionen nach sich zog. Sie haben deshalb gelernt, sich auf zweideutige, verschlüsselte Weise zu äußern, um an das Ziel ihrer Wünsche zu kommen und dabei ihre wahren inneren Vorgänge nicht aufdecken zu müssen. »Je verwundbarer ein Individuum ist, desto ›fähiger‹ muss es sein, andere in dieser indirekten Art emotional zu beeinflussen. Menschen, die aufgrund früherer Verwundungen sehr darauf angewiesen sind, die Reaktionen ihrer Mitmenschen unter Kontrolle zu halten, müs-

sen alles daransetzen und unter Umständen ›schwere Geschütze‹ auffahren, um ihren Einfluss sicherzustellen und gleichzeitig die Urheberschaft dieses Einflusses zu leugnen«, so der Kommunikationspsychologe Friedemann Schulz von Thun.[21]

Schuldgefühle zu erzeugen ist ein wirkungsvolles Mittel, Druck auszuüben und gleichzeitig eine Selbstoffenbarung zu verhindern. Indem man den Schuldpartner direkt oder mehr noch indirekt unter Schulddruck setzt, kann man ihn beeinflussen, ohne offen auszudrücken, was man sich von ihm wünscht oder worüber man ungehalten ist. Mit dieser weit verbreiteten Strategie »doppelbödiger« Botschaften werden die Interaktionspartner in – für Kinder quälender – Ungewissheit gehalten: Während über Mimik, Körpersprache oder Tonfall Verärgerung oder Gekränktheit signalisiert wird, bleibt eine offene Erklärung aus. Oder es wird rundheraus geleugnet, dass etwas nicht in Ordnung ist. Kinder stehen diesem nicht kongruenten Verhalten völlig hilflos gegenüber und sind dadurch oft auch im Erwachsenenleben vielen irrationalen Schuldgefühlen ausgeliefert.

Das Täter-Opfer-Spiel und wie man es beendet

Menschen lassen sich durch Schuldgefühle manipulieren, sind andererseits aber auch bestrebt, ihrem Druck zu entkommen. Dies geschieht am einfachsten, indem man den Spieß umdreht: Der Schuldpartner fühlt sich unter Druck gesetzt und antwortet seinerseits mit Schuldzuweisungen. In allen sozialen Bereichen lässt sich diese Form der Gegenwehr beobachten. Dieser Mechanismus kann dazu führen, dass sich beide Parteien in einen Kreislauf von gegenseitigen

Schuldzuweisungen hineinmanövrieren. Auch wenn die Schuldzuweisungen nicht offen formuliert werden, sehen sich doch beide Seiten jeweils als Opfer und den anderen als Täter.

Doch Opfer ist man nur, solange man sich in dieser Rolle zur Mitwirkung bereit findet, indem man sich die Botschaften des Schuldzuweisenden unhinterfragt zu Eigen macht. Vor allem bei indirekten Schuldzuweisungen ist die Gefahr besonders groß, dass Menschen sich – oft ohne, dass ihnen dies bewusst wird – zu einem bestimmten Verhalten nötigen lassen. Nicht länger manipulierbar zu sein erfordert zunächst wieder eine bewusste Selbstklärung. Wut und Gegen-Schuldzuweisungen, mit denen sich Schuldgefühle abwehren lassen, verhindern nämlich, das Geschehen analytischer zu betrachten – einschließlich der eigenen Beteiligung.

Eigenanteilsklärung

Schuldzuweisungen verunsichern und setzen uns direkt oder zumindest im Selbstgespräch unter Rechtfertigungszwang. Deshalb können Fragen wie »Habe ich nach *meinen* Maßstäben etwas versäumt, mich unfreundlich, nicht hilfsbereit, unzuverlässig usw. verhalten?« oder »Welche Leistungen/Rücksichten kann ich vom anderen/kann der andere von mir fairerweise erwarten?« für eine Klärung der eigenen Beteiligung am Geschehen auf der Sachebene sorgen. Für ein eventuelles Fehlverhalten kann man, wie Herr Wegner, die Verantwortung übernehmen – jeder macht Fehler. Oder man kommt zu dem Schluss, dass man sich mitmenschlich korrekt verhalten hat. Für das eigene – richtige wie falsche – Handeln vor sich selbst einzustehen, entlastet, denn es befreit von unterschwelligen Schuldgefühlen und macht uns unabhängig vom Verhalten anderer, für das wir nicht verantwortlich sind. Es hilft uns, selbstbestimmt zu agieren und uns nicht länger zum Spielball von manipulativem Verhalten zu machen. Wir müssen uns nicht mehr »ent-schuldigen«, wenn wir uns von der Fairness und Angemessenheit unseres Handelns überzeugt haben.

Zur Selbstklärung gehört aber auch folgende Frage: »Welches heimliche Interesse, welche Ängste, Befürchtungen und Erwartungen könnten mich leiten, das Schuldnerspiel mitzuspielen?« Oft steckt uns noch die Rolle des Kindes in den Knochen, das den Du-Botschaften, mit denen Schuldzuweisungen gerne vermittelt werden (»Wenn man sich auf dich verlassen muss, ist man verraten und verkauft«, »Wegen deinem Verhalten habe ich jetzt wieder Kopfschmerzen«, »Könntest du wenigstens an meinem Geburtstag mal pünktlich sein?«), lange ausgeliefert war. Vor allem gegenüber den Eltern lebt die alte Kinderangst, schuldig, verlassen und nicht mehr geliebt zu werden, in diesem Spiel um Macht und Kontrolle oft unbewusst wieder auf.

Die Rolle des Schuldpartners hat außerdem den fragwürdigen »Vorteil«, dass die Situation stabil bleibt, wenn auch um den Preis unangenehmer Gefühle. Oft scheint diese Lösung ungefährlicher, als sich in einen offenen Dialog zu begeben, weil daraus unüberschaubare, angstbesetzte Konfrontationssituationen entstehen können. Ein konformes Verhalten ist somit das kleinere Übel gegenüber den Unwägbarkeiten einer offenen Klärung, wenn ein »gefahrloser Dialog« nicht Bestandteil der Beziehung war. Auch das Übernehmen der Schuldpartnerrolle ist eine, wenn auch defensive Manipulationsstrategie, mit der man den anderen friedlich zu halten sucht.

In einem nächsten Schritt sollten wir unsere Sichtweise von »Tätern« und »Opfern« aufgeben und nur noch Beteiligte sehen, die ganz wesentlich von unbewussten Motiven gelenkt sind – die Eigenanteilsklärung hat dazu schon einen Teil beitragen können. Jetzt geht es darum, das negative Bild des »erpresserischen«, »egoistischen«, »bösartigen« Beschuldigers umzuwandeln in das Bild eines Menschen, der ein ernsthaftes Anliegen oftmals nur in einer unadäquaten Form transportieren kann. Schuldzuweisungen haben, wie oben beschrieben, eine Appellfunktion. Wenn wir uns weigern, das Spiel mitzuspielen, indem wir den Aufforderungscharakter der Schuldzuweisungen ignorieren, erzielen wir oft nur den Effekt, dass der andere sich weiterhin »nicht gehört« fühlt und wir uns vielleicht unversehens in einer trotzigen, unerwachsenen Verweigerungshaltung wiederfinden. Dagegen können wir im Sinne eines verbesserten Miteinanders den verdeckten Inhalt der Schuldzuweisungen erschließen, wenn wir die abwertenden Du-Botschaften in Ich-Botschaften umformulieren: »Du bist ja wohl nie zu Hause« lässt sich unschwer in »Ich habe vergeblich versucht, mit dir Kontakt aufzunehmen« übersetzen, bedeutet vielleicht aber auch: »Ich fühle mich von dir vernachlässigt.«

Manchmal steht dieser Übersetzungsarbeit eine stark überzogene Formulierung des Senders im Weg, die seinem Appell Nachdruck verleihen soll. Zum Ausstieg aus dem Schuldnerspiel gehört deshalb auch, die herausfordernde Verpackung des Appells als reine Angelegenheit des Senders einzuordnen und sich davon nicht provozieren zu lassen: Innerhalb einer – sprachlichen oder nicht sprachlichen – Kommunikation verfügt der Empfänger von Botschaften über die Macht, sie nach seinem Gusto auszulegen. Er kann entscheiden, ob er sich auf die manipulierende, vorwurfsvolle und nach Rechtfertigung rufende Form des Appells sowohl emotional als auch in der Form der Beantwortung einlässt.

Konfrontation auf der Basis von Akzeptierung

Die Kommunikationspsychologie empfiehlt als nächsten Schritt eine »Konfrontation auf der Basis von Akzeptierung«: »Die Weigerung, das Spiel mitzuspielen, ist nur dann heilsam, wenn sie eingebettet ist in einen wohlwollenden Kontext – wenn der Sender merkt, der andere will ihm wohl und drückt mit seiner Weigerung keine feindselige Haltung aus.«[22] Indem wir den herausgehörten Appell ansprechen und zurückfragen, ob der Sender diesen Wunsch habe oder jene Enttäuschung fühle, fördern wir eine bewusste Auseinandersetzung auf der Erwachsenenebene. Daraus kann sich auch ein Vorschlag ergeben, der das Problem auf für beide Seiten akzeptable Weise löst. Unser Gegenüber fühlt sich mit seinem Anliegen wahrgenommen und dadurch wertgeschätzt, was meistens auch mit einer inneren »Abrüstung« verbunden ist und die Angst vor einer Selbstoffenbarung verringert. Zieht es der andere jedoch vor, auf den wohlwollenden Umgang mit seinem Appell nicht gleichermaßen positiv zu reagieren, ist dies als »seine Sache« zu akzeptieren und von uns nicht zu verantworten.

Dieses Verfahren bedeutet vielfach, kommunikatives Neuland zu betreten. Es eröffnet aber die Möglichkeit, zu einer offenen Kommunikation zu finden, bei der auch der eigene Standpunkt deutlich, aber ohne Gegenschuldzuweisungen oder langatmige Rechtfertigungsvorträge formuliert werden sollte. Wir schützen uns dadurch vor irrationalen Schuldgefühlen, wirken manipulativem Verhalten auf beiden Seiten entgegen und fördern nicht zuletzt auch gegenseitigen Respekt.

Ausblick

»In der Praxis ist vielen Menschen die Theorie doch lieber als die Praxis«, sagt augenzwinkernd der österreichische Dichter Ernst Ferstl. Der Mensch als nur schwer verbesserliches Gewohnheitstier pflegt außerdem gern seine Abneigung, in der Welt der zwischenmenschlichen Begegnungen Neuland zu betreten. Sich als durchaus erfahrener Erwachsener daran zu machen, die eigene Beziehung zu den Eltern schonungslos zu durchleuchten und im Umgang mit ihnen neue Wege zu gehen, ist nicht unbedingt ein Projekt, für das sich ganz von selbst Feuereifer einstellt. Das normale Erwachsenenverhältnis zu Vater und Mutter, das sich bei anderen Leuten einfach so und ohne eigenes Zutun ergeben hat, sollen sich die Unabgelösten nun zu später Stunde mühevoll und ganz auf sich gestellt erarbeiten. Das könnte ungerecht sein, würde nicht ein erheblicher Zugewinn an Entwicklung der eigenen Persönlichkeit winken, auf den sich zu Recht stolz sein lässt – weil er aus Eigenleistung und eben nicht »einfach so« entstanden ist.

Der Erwerb neuer menschlicher Potenziale kommt indessen nicht als Wochenend-Workshop daher, er gleicht mehr dem Vorhaben, eine Fremdsprache zu erlernen oder ein Musikinstrument spielen zu können: Das Verhältnis zu den Eltern gewissermaßen auf erwachsene Füße zu stellen, dauert seine Zeit und erfordert das nötige Maß an Beharrlichkeit, sich auch nach Fehlversuchen nicht von diesem Vorhaben abbringen zu lassen. Denn Fairness und Verständnis zu entwickeln, den Eigenanteil im gegenwärtigen Handeln wahrzunehmen und zu verantworten, aber auch Abgrenzung oder einen festen Standpunkt gegenüber den Eltern durchzustehen, kann nicht auf Anhieb gelingen. Wie oft werden wir dabei doch geradezu hinterrücks von einer Situation »überfallen«, in der für Analysen und Abwägungen keine Zeit bleibt, und schon halten uns die eingefahrenen Verhaltensmuster wieder in ihrem Bann gefangen.

Dieser Bann wird vor allem durch die Bereitschaft aufgehoben, neue Verhaltensweisen wiederholt in der eingangs zitierten Lebenspraxis einzuüben, sich von misslungenen Interaktionen nicht demoralisieren zu lassen und Auseinandersetzungen ganz nüchtern als Gelegenheit zur Kompetenzschulung anzusehen. Wir stärken nicht zuletzt auch unser Selbstvertrauen, wenn wir Konflikte als Übungsfeld für innere Unabhängigkeit und persönliche Verantwortlichkeit sehen – und nicht als Machtkampf mit Siegern und Besiegten.

Haben wir erst einmal die Warte einer erwachsenen Sichtweise erreicht, verliert auch die Frage an Bedeutung, ob die Eltern uns eine Erwachsenenbeziehung zugestehen oder nicht, ob sie ihr Verhalten ändern oder nicht, denn der innere Erwachsenenstatus ist immer auch mit einem erheblichen Zuwachs an Selbstachtung verbunden – eine sich selbst kreierende Selbstachtung, keine von anderen erbettelte, erkämpfte, ertrotzte und somit doch nie erreichbare.

Zu einer erwachsenen Haltung gehört auch, die Eltern als Teil unserer selbst anzunehmen: Sie sind ein Teil von uns, der sich nicht ausradieren lässt. Indem wir unsere Eltern negieren oder beschädigen, negieren und beschädigen wir die Wurzeln unserer Existenz. Vater und Mutter differenziert mit ihren heilsamen und zerstörerischen, harten und weichen, starken und hilflosen Anteilen wahrzunehmen, heißt wieder Anschluss an die eigenen Wurzeln zu finden und damit auch der Erfüllung des Wunsches nach guten Eltern näher zu kommen, den alle – kleine und große – Kinder dieser Welt haben.

Anne (69): »Unsere Versöhnung war wie ein Geschenk«

»Bei meiner Oma war es wie im Paradies, mit vielen Tieren und viel Liebe bin ich dort aufgewachsen«. Anne ist eine warmherzige, zierliche Frau, der man möglichst wenig rauen Lebenswind zumuten möchte. Doch da gibt es glücklicherweise Herrn M., ihren Ehemann, der sich während unseres Gesprächs zu uns setzt, ein unerschrockener Ritter, dessen trockene, bisweilen bissige Kommentare deutlich machen, dass er für seine Frau durchs Feuer geht.

Die eben erwähnte Oma ist allerdings gar keine echte Oma, was näher erklärt werden muss. Als sich die Eltern von Anne eines Abends in einem Hamburger Treppenhaus kennen lernen, sind beide unglücklich verheiratet. Der Vater, Witwer mit vier Kindern, hat vor etlichen Jahren eine Vernunftehe geschlossen, damit wieder eine Frau im Hause ist. Die Mutter leidet unter den Affären ihres derzeitigen Ehemannes, dessentwegen sie sich in eben jenem Treppenhaus postiert hat, um den notorischen Schürzenjäger nach seinem Rendezvous zur Rede zu stellen. Hier ereignet sich die Liebe auf den ersten Blick, als Annes Vater, Prokurist einer Bankfiliale, spät nach Hause kommt und der 20 Jahre jüngeren Frau im Hausflur seine Hilfe anbietet. »Er dachte, sie hätte ihren Schlüssel verloren, so sind sie ins Gespräch gekommen und meine Mutter hat ihm alles erzählt.«

Als die beiden 1934 eine Tochter bekommen, sind die Verhältnisse vollends verworren, denn die Bank hat ihren in Scheidung und zugleich in wilder Ehe lebenden Prokuristen inzwischen aus moralischen Gründen vor die Tür gesetzt. Seine neue Partnerin hat immerhin zu diesem Zeitpunkt die Scheidung von ihrem untreuen ersten Mann hinter sich. »Nun wurde ich unehelich geboren und war ein Siebenmonatskind, das in den Brutkasten musste und erst nach einem halben Jahr aus dem Krankenhaus kam. Die Ärzte haben gesagt, das Kind muss aufs Land, das wird in der Stadt gar nicht groß.« Als Pflegemutter findet sich eine ältere, einfache Frau, die das Frühchen liebevoll in ihren Haushalt in der ländlichen Peripherie Hamburgs aufnimmt – eine scheinbar ideale Lösung: Die kritische Situation der Eltern wird durch das im doppelten Sinne zu früh gekommene Kind nun nicht weiter verschärft, überdies verfährt man mit diesem Schritt ganz im Sinne des ärztlichen Ratschlags.

Glückliche Jahre bei »Oma«, zu der ein ebenso liebevoller Opa gehört, folgen – bis dem Vater das Gewissen schlägt. »Meine Eltern haben mich zwar besucht und man hat mir gesagt, dies sind deine Eltern, aber das habe ich gar nicht begriffen. Für mich war meine Oma meine Mutter, sie war alles für mich. Am Tag nach meinem zehnten Geburtstag sollte sie mich zurück zu meinen Eltern bringen, weil mein Vater fand, ich müsste jetzt zu Hause leben und auch eine bessere Schulbildung haben. Ich habe gebettelt, lasst mich doch bei meiner Oma, aber das nützte alles nichts. Dann habe ich zu meiner Oma gesagt, hier ist doch das Moor, schmeiß mich ins Moor oder lass uns beide ins Moor gehen! Noch heute spüre ich, wie furchtbar das für mich war.«

In der neuen, fremden Familie ist neben Vater und Mutter auch nähere Bekanntschaft mit dem ein Jahr jüngeren Bruder zu machen, zu dem sich – allen Umständen zum Trotz – eine dauerhaft positive Beziehung entwickelt. Die heimgekehrte Tochter hängt dennoch mit allen Fasern ihres Herzens am ländlichen Paradies der Pflegeeltern. Drei Monate Kontaktsperre werden verhängt in der Hoffnung, das Kind möge die Trennung von Oma und Opa verarbeiten. »Als Oma das nächste Mal kommen durfte, habe ich gesagt, wenn du mich heute nicht mitnimmst, drehe ich den Gashahn auf, ich weiß, dass man dann stirbt. Da hat sie einen solchen Schreck gekriegt, dass sie meinen Mantel genommen hat und praktisch mit mir geflohen ist. Aber am nächsten Tag wurde ich von der Polizei wieder zurückgebracht.«

Die Pflegemutter ist kaum weniger verzweifelt als ihr Ziehkind. Sie überredet ihren Mann, in die Nähe der Pflegetochter zu ziehen, und versucht immer wieder, zumindest für Augenblicke, mit dem Mädchen zu sprechen. Doch die Eltern bestehen auf einem radikalen Schnitt. Der Vater bemüht sich geduldig, seine Tochter mit den neuen Lebensumständen auszusöhnen. »Ich fühlte mich von ihm aufrichtig geliebt. Aber wenn er sagte, ach, leg doch mal deinen Arm um mich, ich freu mich doch so, dass ich endlich ein Mädchen habe, habe ich gesagt: Meinen Opa hab ich lieber! Mein Vater war sehr fürsorglich und er war es auch, der später darauf bestand, dass ich eine Berufsausbildung machte.« Die Mutter hingegen ist kühl und distanziert. Es hat nie eine emotionale Verbindung zwischen Mutter und Tochter gegeben und es will sich auch jetzt zu dem Mädchen, das Kummer und Hilflosigkeit zunächst hinter einem störrischen Wesen verbirgt, keine Zuneigung entwickeln. »Mein Bruder war ihr Ein und Alles, er war ihr Prinz«, sagt Anne, und ihr Mann assistiert: »Wenn sie von ihrem Sohn sprach, bekam sie Augen wie Suppentassen, und wenn sein Name fiel, überschlug sich ihre Stimme.«

In dem entwurzelten Kind vollzieht sich langsam ein bedeutungsvoller Wandel: Es beginnt um die Liebe und Anerkennung der Mutter zu ringen, die jedoch unnahbar und desinteressiert bleibt. Die tiefe Kränkung, weggegeben, nicht wert gewesen zu sein, bei der Mutter zu bleiben, lebt durch die alltägliche Bevorzugung des Bruders immer wieder auf. »Ich habe zwar keine direkte, wörtliche Herabsetzung erlebt, aber es gab viele andere Sachen, die mir wehtaten: ›Ach, du magst ja keinen Pudding, dann bekommt ihn Jürgen.‹ Widerspruch hätte ich gar nicht gewagt. Wenn wir Spiele machten, habe ich gedacht: Ich muss auf jeden Fall verlieren, damit Jürgen nicht weint, das tut Mutti weh. Ich wollte alles tun, damit sie mich auch mal liebt. Oft habe ich gefragt, warum habt ihr mich weggegeben? Aber es hieß dann immer nur, die Ärzte haben gesagt, du kannst in der Stadt nicht überleben.«

Während der Bruder studiert und anschließend ins Ausland geht, lebt Anne bis zu ihrem 35. Lebensjahr bei ihrer inzwischen verwitweten Mutter, führt ihr den Haushalt, arbeitet als Sparkassenangestellte und gibt ihr Gehalt wie selbstverständlich zu Hause ab, »denn meine Mutter war finanziell nicht gut gestellt«. »Meine Frau wurde als Dienstmädchen gebraucht, und es war ja so bequem, dass sie auch noch bezahlte«, stellt Herr M. unmissverständlich klar. Eine Freundin, die eine Wohnung an der Hand hat, bekniet sie schließlich auszuziehen. »Ich tat damals alles, um Auseinandersetzungen mit meiner Mutter zu vermeiden und es war eine große Überwindung zu sagen, ich möchte die Wohnung haben. Aber alleine habe ich mich dann nicht wohl gefühlt.«

Anne vergräbt sich in ihrer Freizeit in ehrenamtliche Arbeit und kümmert sich weiterhin um das Wohlergehen der Mutter. »Ich habe mich immer wieder gefragt, warum erreiche ich es nicht, dass sie mich liebt?« Die seelischen Spannungen entladen sich schließlich in Ohnmachtsanfällen und einer schweren Lähmung. Monatelang liegt sie im Krankenhaus. Kurz darauf lernt sie ihren Mann kennen, der von seiner zukünftigen Schwiegermutter einen unvergesslichen ersten Eindruck erhält. »Ich hatte eines Tages die Idee, mich dort vorzustellen, aber meine Frau sagte, das geht nur, wenn sie darauf eingestellt ist. Das habe ich aber nicht gelten lassen und als sie uns vom Fenster aus kommen sah, hat sie uns mit der Hand Zeichen gegeben: Weg da! Verschwindet! Ich war so wütend, ich hätte am liebsten gegen ihre Tür geballert und ihr eine Szene gemacht. So etwas hatte ich noch nicht erlebt.«

Herr M. erweist sich von Anfang an als loyaler Anwalt für die Interessen seiner Verlobten. Seine offene, bestimmte Art bleibt auf die Mutter nicht ohne Wirkung, sie respektiert den Schwiegersohn. »Und ich wurde auch etwas aufgewertet. Das Verhältnis wurde herzlicher«, sagt Anne und meint dann zweifelnd: »Na ja, herzlicher ist vielleicht übertrieben.« »Einen Hauch freundlicher«, schlägt ihr Mann vor. Trotz ihrer glücklichen Ehe, die maßgeblich zur äußeren Lösung von der Mutter beiträgt, hofft Anne auch in den folgenden Jahren sehnsüchtig auf ein Zeichen von Mutterliebe. »Es war immer so ein Stachel da: Ich mache doch alles für sie und nie kommt das erlösende Wort. Etwa vier Wochen vor ihrem Tod sagte sie zu mir: ›Du tust so viel für mich, aber ich habe Jürgen nun mal lieber.‹« »Da hat sie es endlich eingestanden!«, triumphiert Herr M.

»Das war wie ein Keulenschlag, und auch das habe ich wieder geschluckt. Ich habe gedacht, so ist es nun einmal, ich muss es akzeptieren.« Nachdem die Tochter den Kampf um die Liebe der Mutter verloren gibt, geschieht etwas Unerwartetes: Mit dem Loslassen kann auch ihre innere Haltung reifen und es entsteht Raum für eine distanziertere Sicht: »Ich habe mir noch einmal die Umstände vor Augen gehalten, unter denen ich geboren wurde, und da fiel es mir auf einmal wie Schuppen von den Augen: Vielleicht konnten wir nicht zueinander finden, weil sie mich nie an ihre Brust legen konnte und wir uns körperlich nie nahe waren. Das habe ich auch meiner Mutter erklärt und daraufhin sagte sie: ›Du magst Recht haben, ich merke ja auch, dass du mich wirklich liebst, und ich bin so froh, dass du bei mir sein kannst in diesen letzten Stunden.‹«

Dieses Gespräch bewirkt zwischen Mutter und Tochter eine große, nie gekannte Nähe in den wenigen Tagen, die ihnen noch bleiben. »Sie hat immer wieder gesagt, wie dankbar sie ist, dass sie mich hat und dass ich bei ihr bin. Sie hat mich gebeten, sie in den Arm zu nehmen. Und ich konnte ihr immer wieder sagen, dass sie keine Angst haben muss. Dass wir uns all das noch sagen konnten, war wie ein Geschenk für mich, und ich habe damals erkannt, dass man Versöhnung nicht erzwingen kann.«

»Ob sie dasselbe empfunden hat, weiß ich nicht«, wendet Herr M. ein, »es hat ihr gefallen, von dir verwöhnt zu werden.« Aber Anne lässt sich das Erlebnis ihrer Aussöhnung nicht schmälern, und wer ihr zuhört, merkt deutlich, dass sich hier eine Befreiung

ereignet hat, die keinen Zweifel mehr kennt. »Alles war wie ausgelöscht. Es ist keine Enttäuschung mehr da. Auch den Schmerz, dass sie meinen Bruder lieber hatte, gibt es nicht mehr. Ich kann heute sagen, meine Vergangenheit ist wie ein Buch, das man am Ende zuschlägt; sie ist abgeschlossen.«

Anmerkungen

1 Wolfgang Schmidbauer: *Der neue Psychotherapie-Führer*, München 1997, S. 59

2 Helm Stierlin: *Individuation und Familie*, Frankfurt/M. 1989, S. 18

3 Ebd., S. 43

4 Ebd., S. 47

5 Vgl. Rolf Oerter/Leo Montada: *Entwicklungspsychologie*, Weinheim, 5., vollst. überarb. Aufl. 2002, S.197 ff.

6 Barbara Dobrick: *Immer Probleme mit den Eltern*, Stuttgart 1991, S. 220

7 Ulrike Lehmkuhl: »*Verhaltensauffälligkeiten in der frühen Kindheit – Prävention und Behandlung*«, www.liga-kind.de/pages/lehm199.htm

8 Bärbel Wardetzki: *Ohrfeige für die Seele*, München, 8. Aufl. 2003, S. 69

9 Horst-Eberhard Richter: *Eltern, Kind und Neurose*, Reinbek 1969, S. 73

10 Bärbel Wardetzki, a. a. O., S. 82 f.

11 Helm Stierlin: *Eltern und Kinder*, Frankfurt/M. 1980, S. 223

12 Vgl. Horst-Eberhard Richter, a. a. O., S. 153

13 Victor Chu: *Die Kunst, erwachsen zu sein*, München, 2. Aufl. 2002, S. 68

14 Ebd., S. 72

15 Helm Stierlin: *Das Tun des Einen ist das Tun des Anderen*, Frankfurt/M. 1976, S. 85

16 Vgl. Helm Stierlin 1989, a. a. O., S. 69 f.

17 William F. Nerin: *Versöhnung mit den Eltern*, München, 2. Aufl. 1997, S. 115 f. (gekürzt)

18 Vgl. William F. Nerin, a. a. O., S. 139 f.

19 Helm Stierlin 1980, a. a. O., S. 203 f.

20 Horst-Eberhard Richter, a. a. O., S. 93

21 Friedemann Schulz von Thun: *Miteinander reden*, Reinbek 1981, S. 226

22 Ebd., S. 228

Literatur

Auchter, Thomas/Strauss, Laura V.: *Kleines Wörterbuch der Psychoanalyse*, Göttingen: Vandenhoeck & Ruprecht, 2., überarb. Aufl. 2003

Chopich, Erika J./Paul, Margaret: *Aussöhnung mit dem inneren Kind*, München: Ullstein-TB 2003

Chu, Victor: *Die Kunst, erwachsen zu sein. Wie wir uns von den Fesseln der Kindheit lösen*, München: Kösel, 2. Aufl. 2002

Dobrick, Barbara: *Immer Probleme mit den Eltern. Erwachsene Kinder zwischen Anpassung und Rebellion*, Stuttgart: Kreuz 1991

Mahler, Margaret S./Pine, Fred/Bergmann, Anni: *Die psychische Geburt des Menschen. Symbiose und Individuation*, Frankfurt/M.: S. Fischer 2001

Miller, Alice: *Das Drama des begabten Kindes und die Suche nach dem wahren Selbst*, Frankfurt/M.: Suhrkamp 1983

Nerin, William F.: *Versöhnung mit den Eltern. Frei werden für das eigene Leben*, München: Kösel, 2. Aufl. 1997

Oerter, Rolf/Montada, Leo: *Entwicklungspsychologie*, Weinheim: Beltz, 5., vollst. überarb. Aufl. 2002

Richter, Horst-Eberhard: *Eltern, Kind und Neurose*, Reinbek: Rowohlt-TB 1969

Satir, Virginia: *Kommunikation, Selbstwert, Kongruenz. Konzepte und Perspektiven familientherapeutischer Praxis*, Paderborn: Junfermann 1990

Schäfer, Thomas: *Was die Seele krank macht und was sie heilt. Die psychotherapeutische Arbeit Bert Hellingers*, München: Droemer Knaur, 3. Aufl. 2000

Schmidbauer, Wolfgang: *Der neue Psychotherapie-Führer*, München: Goldmann 1997

Schulz von Thun, Friedemann: *Miteinander reden. Störungen und Klärungen*, Reinbek: Rowohlt-TB 1981

Stierlin, Helm: *Das Tun des Einen ist das Tun des Anderen. Eine Dynamik menschlicher Beziehungen*, Frankfurt/M.: Suhrkamp 1976

Stierlin, Helm: *Eltern und Kinder. Das Drama von Trennung und Versöhnung im Jugendalter*, Frankfurt/M.: Suhrkamp 1980

Stierlin, Helm: *Individuation und Familie*, Frankfurt/M.: Suhrkamp 1989

Stierlin, Helm: *Psychoanalyse – Familientherapie – systemische Therapie. Entwicklungslinien, Schnittstellen, Unterschiede*, Stuttgart: Klett-Cotta 2001

Wardetzki, Bärbel: *Ohrfeige für die Seele. Wie wir mit Kränkung und Zurückweisung besser umgehen können*, München: Kösel, 8. Aufl. 2003